FRITZ KREISLER
– Ein Kosmopolit im Exil. Vom Wunderkind zum „König der Geiger"

Ulrike Anton
Amy Biancolli
Alfred Dümling
Gerold Gruber
Michael Haas
Nobuko Nakamura
Matthias Schmidt
Eric Wen

Herausgegeben von Gerold Gruber

Ausstellung des Exilarte Zentrum der mdw – Universität für Musik und darstellende Kunst Wien

Böhlau

Gerold Gruber (Hg.)

Exilarte Zentrum der mdw – Universität für Musik und darstellende Kunst Wien
Fritz Kreisler – Ein Kosmopolit im Exil
Vom Wunderkind zum „König der Geiger"

Bibliografische Information der Deutschen Nationalbibliothek :
Die Deutsche Nationalbibliothek verzeichnet diese Publikation
in der Deutschen Nationalbibliografie ; detaillierte bibliografische
Daten sind im Internet über http://dnb.d-nb.de abrufbar.

© 2023 Böhlau, Zeltgasse 1, A-1080 Wien, ein Imprint der Brill-Gruppe
(Koninklijke Brill NV, Leiden, Niederlande; Brill USA Inc., Boston MA, USA; Brill Asia Pte Ltd, Singapore;
Brill Deutschland GmbH, Paderborn, Deutschland ; Brill Österreich GmbH, Wien, Österreich)
Koninklijke Brill NV umfasst die Imprints Brill, Brill Nijhoff, Brill Hotei, Brill Schöningh,
Brill Fink, Brill mentis, Vandenhoeck & Ruprecht, Böhlau und V&R unipress.
Alle Rechte vorbehalten. Das Werk und seine Teile sind urheberrechtlich geschützt.
Jede Verwertung in anderen als den gesetzlich zugelassenen Fällen bedarf der vorherigen schriftlichen Einwilligung des Verlages.

Lektorat: Michael Strand, Birgit Trinker
Gestaltung, Layout und Satz: Iby-Jolande Varga
Design der Ausstellung und der Zeitleiste (S. 122–126): Thomas Reinagl
Umschlagsfotos: Fritz Kreisler auf einem Schiff, ca. 1920–1925 © US-Wc (U1)
„United States of America, Declaration of Intention", erstes Antragsformular bezüglich US-Einbürgerung von Fritz Kreisler, 27. 3. 1941 © US-Wc (U4)
Druck und Bindung: Finidr, Český Těšín
Printed in the EU

Vandenhoeck & Ruprecht Verlage | www.vandenhoeck-ruprecht-verlage.com
ISBN 978-3-205-21853-1

INHALT

Vorwort — 7

Gerold Gruber
Fritz Kreislers Geigenstil und Kompositionsstil — 11

Eric Wen
"He did not only play the violin, he became the violin." — 19

Matthias Schmidt
Fritz Kreisler – ein jüdischer Geiger? — 35

Amy Biancolli
'Beloved' Fritz – the Fame of Kreisler — 50

John Maltese
Fritz Kreisler's Concert Programming — 64

Alfred Dümling
Eine Grunewald-Villa in der Bismarckallee:
Die Berliner Entschädigungsakte von Fritz Kreisler — 75

Ulrike Anton
Fritz Kreisler im Exil: New York, 1939–1945 — 92

Nobuko Nakamura, Ulrike Anton
Kreisler und Wien — 99

Nobuko Nakamura
Kreisler und sein soziales Engagement — 105

Ulrike Anton, Michael Haas
Vom NS-Regime verfolgte Geigenvirtuos:innen — 108

Zeitleiste — 122

Bildnachweis — 127

In der Ausstellung
© Stephan Polzer

Gerold Gruber

VORWORT

Aus Anlass des 10. Internationalen Fritz Kreisler Violinwettbewerbs, der seit 1979 an der mdw – Universität für Musik und darstellende Kunst Wien ausgetragen wird, wurde die neue Ausstellung des Exilarte Zentrum der mdw entwickelt, um das Leben und die Bedeutung Fritz Kreislers der Öffentlichkeit zu präsentieren.[1] Kreisler war ein Ausnahmemusiker, dessen Interpretationen bis heute Referenzcharakter aufweisen. Sein technisches Können war außergewöhnlich, seine Musikalität einzigartig, er vermochte seine Zeitgenoss:innen zu begeistern, aber auch zu irritieren, da er seine persönliche Tongebung, das intensive Vibrato und spezielle Phrasierungstechniken sehr eigenwillig einsetzte. Bis heute ist sein Geigenstil ein Faszinosum sowohl für das musikliebende Publikum als auch für Profis.

Die Ausstellung zeigt die verschiedenen Lebensabschnitte eines der größten Violinvirtuos:innen des 20. Jahrhunderts, dessen Erfolgsstory von Wien ausging (Studium bei Joseph Hellmesberger jun. an der mdw und bei Anton Bruckner).

Bereits mit 13 Jahren ging er auf eine erfolgreiche Amerikatournee. Konzerte mit den Wiener sowie den Berliner Philharmonikern öffneten ihm den Weg zu einer der brillantesten und lukrativsten Solist:innen-Karrieren der damaligen Zeit. Der Erste Weltkrieg unterbrach seine Karriere, da er von der österreichischen Armee eingezogen und an der russischen Front verwundet wurde. In den USA wurde er nach dem Kriegseintritt der Amerikaner:innen boykottiert und zog sich von der Öffentlichkeit zurück. Mit einem Konzert in der New Yorker Carnegie Hall 1919 konnte er seine Karriere wieder fortsetzen. Kreisler wurde zu einem Medienstar, sein Konzertkalender war voll ausgelastet und auch der Vertrag mit der Schallplattenfirma RCA Victor Company verpflichtete ihn zu einer großen Anzahl von Aufnahmen. In dieser Zeit erntete er mit seinen sogenannten *Klassischen Manuskripten*, die er früheren Komponisten zuschrieb, viel Bewunderung, aber nach Bekanntwerden der Tatsache, dass es sich vielmehr um Eigenkompositionen handelte, auch viel Kritik.

---

1   Die Ausstellung über Fritz Kreisler bleibt weiterhin über die Website vom Exilarte Zentrum (www.exilarte.org) in digitaler Form erhalten.

Fritz Kreisler, *Fantasie für Violine und Klavier*, Handschrift mit der Widmung an Joseph Hellmesberger jun., datiert 19. 3. 1883 © US-Wc

Ab 1933 lehnte es Fritz Kreisler ab, aus Solidarität mit Dirigenten wie Fritz Busch und Bruno Walter im „Deutschen Reich" aufzutreten. Aufgrund seiner jüdischen Herkunft verboten die Nazis alle seine Auftritte, Kompositionen und Aufnahmen. Im September 1939 immigrierte er mit seiner Frau Harriet (geb. Lies) in die USA und wurde 1943 amerikanischer Staatsbürger. Kreisler war daher einerseits Kosmopolit und andererseits vom Exilant:innen-Schicksal betroffen.

Die Ausstellung zeigt aber auch seine philanthropischen und karitativen Tätigkeiten auf, und wir können in diesem Zusammenhang auf neu entdecktes Material hinweisen, das die schwierige Forschungslage ergänzt.[2]

Ich möchte insbesondere meinen Kuratorinnen Ulrike Anton und Nobuko Nakamura für die wertvolle Arbeit an den Inhalten der Ausstellung über Fritz Kreisler danken, weiters den Beiträger:innen zu diesem Katalog Amy Biancolli, Albrecht Dümling, Michael Haas, John Maltese, Matthias Schmidt, Eric Wen für die ausgezeichneten Artikel, ferner dem Architekten der Ausstellung, Checo Sterneck, der uns bereits mehrmals bei der spannenden Aufgabe begleitet hat. Ebenso bedanke ich mich bei der Registrarin Karin Haas, sowie bei allen Leihgebern, der Library of Congress in Washington, D. C., dem Archiv der Gesellschaft der Musikfreunde in Wien und dem Historischen Archiv der Wiener Philharmoniker. Dank auch an die Gestalterin dieses Katalogs und der digitalen 360 Grad Führung durch die Ausstellung, Iby-Jolande Varga, an das Lektorat von Michael Strand und Birgit Trinker, weiters an die Subventionsgeber, dem Nationalfonds der Republik Österreich und dem Zukunftsfonds der Republik Österreich. Ohne die Hilfe und Unterstützung durch die mdw – Universität für Musik und darstellende Kunst Wien, insbesondere durch die Rektorin Ulrike Sych und den Mitgliedern des Rektorats wäre die Aufgabe des Exilarte Zentrum, die kontinuierliche öffentliche Präsentation der Themata der Vertreibung und Verfemung nicht umzusetzen. Auch den beteiligten Firmen sei ein großer Dank ausgesprochen, da die faktische Ausgestaltung sonst nicht so zügig und friktionsfrei vonstatten gehen hätte können.

---

2 Archiv des Exilarte Zentrum der mdw – Universität für Musik und darstellende Kunst Wien.

Gerold Gruber

FRITZ KREISLERS GEIGENSTIL UND KOMPOSITIONSSTIL

Fritz Kreisler war ein Vollblutmusiker: Sein virtuoses Violinspiel war außergewöhnlich, aber die Zeitgenoss:innen berichten auch, dass sein Klavierspiel ähnlich einfühlsam in der Tongebung war und pianistisch einwandfrei, sodass es Starpianisten wie Ignacy Jan Paderewski gab, die darüber scherzten, dass sie froh waren, dass Kreisler nicht ihr Metier gewählt habe. Bei gesellschaftlichen Zusammenkünften war es auch üblich, dass die Parts vertauscht wurden, Kreisler begleitete Jascha Heifetz am Klavier und umgekehrt, und Kreislers außerordentliche Begabung auf beiden Instrumenten wurde dabei immer hervorgehoben. Heifetz berichtet über seine erste Begegnung: „I met Kreisler for the first time in 1912 in Berlin. There was a gathering of critics and musicians at the home of a man named [Arthur] Abell. I simply worshipped Kreisler, and when, somewhat later, I gave a recital in Bechstein Hall, Berlin, I tried to imitate my idol. During the gathering at the Abell home someone suggested that ‚the young man from Russia [Heifetz] play a number or two.' I was willing enough, but what about the accompanist? What about the piano score? Fritz Kreisler jumped into the breach and played my accompaniments from memory. I chose the Mendelssohn Concerto and Kreisler's own ‚Schön Rosmarin' for that informal but potentous introduction to the musical world of Berlin."[3] Mit dem Werbetext: „Kreisler's piano playing is as fascinating, alluring and brilliant as the violin playing […]" hat die Firma Ampico auch die Aufnahmen am Pianola (player-piano) vermarktet, die der Geiger mit eigenen Bearbeitungen seiner großen „Hits" (unter anderem *Liebesleid*, *Liebesfreud*, *Schön Rosmarin*, *Caprice Viennois*, *Tambourin Chinois*, *The Old Refrain*) einspielte.[4]

Man sprach Kreisler auch eine besondere Gabe beim Improvisieren zu, die er auch bei seinen Kadenzen in den großen Konzerten von Bach, Beethoven, Brahms, Mozart und Paganini zum Erstaunen seiner Zeitgenoss:innen umsetzte. Seine ungeheure Kreativität konnte er nicht nur über 120 Bearbeitungen unter Beweis stellen, sondern er hinterließ auch circa 80 Originalkompositionen, die zu einem beliebten Repertoire aller Geiger:innen gehören, da sie bis heute eine hohe Attraktivität beim Publikum genießen. Aus dem Exil in den USA ist bislang nur ein eigenständiges Werk bekannt, die *Viennese Rhapsodic Fantasietta* für Violine und Orchester.

Kreisler bedauerte oft die für ihn zu geringe Anzahl an Violinkompositionen, sodass er diesem „Mangel" entgegensteuern wollte. So entstand eine Vielzahl an Charakterstücken, die

---

3   Louis P. Lochner, *Fritz Kreisler*, New York 1950, 128.
4   Ibid., 275.

den Gehalt von poetischen Klavierstücken von Stephen Heller und Robert Schumann auf die Violine übertragen und deren kompositorische Qualität unbestritten ist. Die Besonderheit ist aber die raffinierte Einbeziehung des Wiener Flairs, die Kreisler gekonnt aus der Tradition der Tanzmusik Joseph Lanners und der Strauss-Dynastie herauskristallisierte.[5] Sentimentale Wendungen und Phrasierungen gehören durchaus dazu, so wie das von ihm geliebte Wiener Rubato und die Portamenti. „Kreislers eigentümliches Vibrato, sein geschmeidiger Umgang mit metrischem Puls und Taktgewicht, mit Beschleunigung und Verlangsamung der ausgeschriebenen Tondauern, schienen wie aus dem Stegreif erfunden, waren aber doch höchst überlegt eingesetzt," schrieb Matthias Schmidt in der neuesten Monographie des Geigenvirtuosen.[6] Yehudi Menuhin wies auf Kreislers „raffinierte Eleganz" hin, der er nachzueifern suchte und welche die damalige Aufnahmetechnik nur annähernd einzufangen imstande war.[7] Dass Kreisler diese Kompositionen anfänglich anonymen Komponisten zuschrieb, begründete er damit, dass er es als unangebracht empfand, seinen Namen auf dem Programm zu oft zu finden.[8] Diese Verschleierung seiner Autorschaft ist besonders augenfällig bei seiner Sammlung an *Klassischen Manuskripten*, die er unter damals (wie auch heute) wenig, oder nur in Fachkreisen bekannten Komponistennamen veröffentlichte: Jean-Baptiste Cartier, Carl Ditters von Dittersdorf, Padre Martini, Nicola Porpora, Gaetano Pugnani, Johann Stamitz u. a.

1910 meldete er für seine bekanntesten Stücke wie *Liebesleid*, *Liebesfreud* und *Schön Rosmarin* das Copyright an, erst 1935 – anlässlich seines 60. Geburtstages – äußerte Kreisler im Freundeskreis, dass auch die *Klassischen Manuskripte* von ihm stammen, ohne dass diese auf andere Komponisten zurückgehen.[9]

Diese Enthüllung wurde von vielen als Betrug an Publikum und Kritik angesehen und Kreisler in Deutschland scharf angegriffen. Besonders im anglo-amerikanischen Raum reagierten die Kritiker empfindlich auf die Enthüllung, da sie sich hinters Licht geführt fühlten. Kreisler erwiderte ironisch, dass diese neuen „Erkenntnisse" ja nichts an der Qualität der Kompositionen ändern, was Harald Eggebrecht mit der Bemerkung quittierte: „Kreisler hatte recht und die Lacher auf seiner Seite."[10] Die nationalsozialistische Presse nahm diese Enthüllung zum Anlass in Hetzartikeln gegen den „Jud Kreisler" zu polemisieren.[11]

Eine Komposition ragt ganz besonders in Kreislers Oeuvre hervor, nämlich das Streichquartett in a-Moll von 1919. Diese Komposition ist außergewöhnlich in seiner Länge und Komplexität. Seine Entstehung verdanken wir dem Faktum, dass

---

5   Vgl. Andrea Linsbauer, *Das Wienerische Moment in den Kompositionen Fritz Kreislers*, Frankfurt am Main u. a. 2009.
6   Matthias Schmidt, *Fritz Kreisler. Ein Theater der Erinnerung*, München 2022, 9.
7   Yehudi Menuhin, *Unvollendete Reise. Lebenserinnerungen*, München 1979, 68.
8   Siehe Näheres dazu weiter unten im Artikel von Eric Wen und Amy Biancolli.
9   Siehe Lochner in seinem Kapitel „Confession of an Old Hoax", in: Lochner 1950, wie Anm. 3, 295ff.
10 Harald Eggebrecht, *Große Geiger. Kreisler, Heifetz, Oistrach, Mutter, Hahn & Co*, München 2000, 150, zit. in Albrecht Dümling, „Fritz Kreisler und der NS-Staat", in: mr-Mitteilungen, Nr. 100/2020, 3–24, hier 14.
11 Vgl. „Juda schwindelt auch in der Kunst", in: unbekannte Zeitung, o. D.[25. 12. 1941], Archiv des Exilarte Zentrum, Wien.

Juda schwindelt auch in der Kunst

Der 1875 in Wien geborene Jude Fritz Kreisler bildete sich zum Geigenspieler aus. Er lebte lange Zeit in Berlin und befindet sich nun dauernd in Amerika. Obwohl er nur ein geschickter Salongeiger ist, verhimmelte ihn das Judentum und nannte ihn einen gefeierten Violonvirtuosen, ein gottbegnadetes Genie usw. Die „Große jüdische National=Biographie" widmet diesem „großen" Sohne Judas fast zwei Spalten und hebt hervor, daß er auch „eine große Zahl von virtuosen Bearbeitungen klassischer Melodien für Geige" veröffentlicht hat.

Mit diesem Werke aber, das den Titel „Klassische Manuskripte" trägt und 18 kleine Stücke alter Meister, wie Martini, Dittersdorf, Couperin, Bach, Corelli, Tartini enthält, hatte es eine höchst eigentümliche Bewandtnis. Es meldeten sich nämlich immer mehr Sachkenner, die die Echtheit dieser Kompositionen bezweifelten, und schließlich mußte Jud Kreisler im Jahre 1935 eingestehen, daß er die Stücke nicht bloß für die Geige mit Klavierbegleitung bearbeitet und herausgegeben, sondern daß er selbst sie verfaßt hatte. Die Namen der bekannten alten Klassiker hatte er nur zu Reklamezwecken mißbraucht, um seinen eigenen Machwerken einen größeren Umsatz zu verschaffen. Jud Kreisler hat also die Oeffentlichkeit in selbstsüchtiger und betrügerischer Absicht irregeführt.

Dr. J.

Antisemitischer Zeitungsartikel den Skandal um die
Klassischen Manuskripte betreffend, unbekannte
Zeitung, o. D.[25. 12. 1941] © A-Weaz

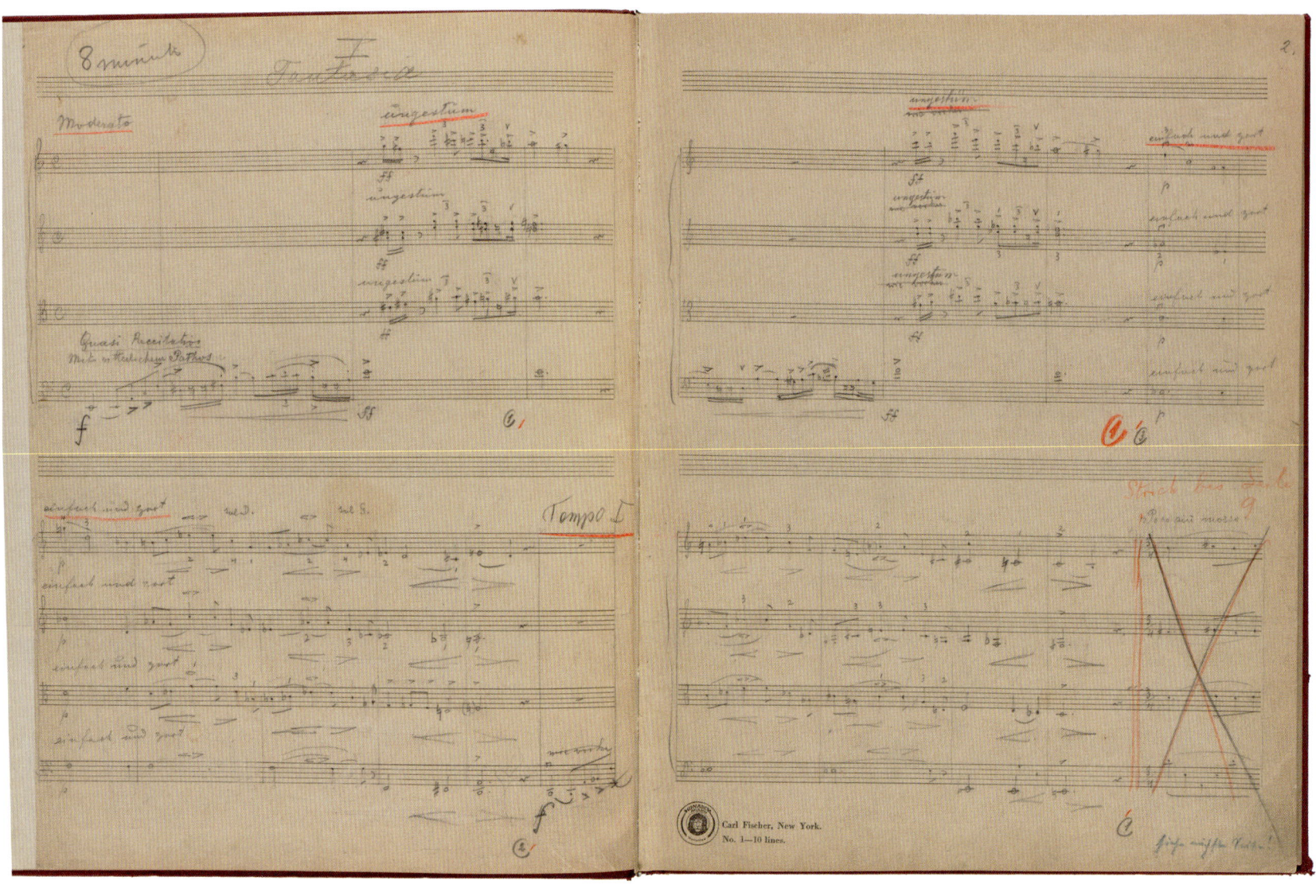

Fritz Kreisler, Streichquartett in a-Moll, 1. Satz, Partitur, Handschrift, undatiert © US-Wc

Kreisler als „feindlicher Ausländer" in den USA während des Ersten Weltkriegs keine Auftrittsmöglichkeit hatte und sich daher der Komposition widmete. Das Quartett beginnt mit einem aufbrausenden Rezitativ, um dann in eine nostalgische Kantilene aufzugehen. Kreisler setzt die Farben der vier Streicher sehr variantenreich ein. Auch die übrigen Sätze vermögen die Ambivalenz von tragisch-sentimentaler Rückschau und glücklicher Erinnerungsmomente in Balance zu halten. Eine Deutung in Richtung autobiographischer Abrechnung mit dem Ende der Habsburgermonarchie und seiner Zuneigung zu Wien ist durchaus angebracht.

Kreislers Kompositionen leisten einen wertvollen Beitrag zur teilweise verlorengegangenen Stilvielfalt des 20. Jahrhunderts und stellen bis heute eine große Bereicherung und stilistische Herausforderung für Interpret:innen dar.

Fritz Kreisler kann in vielerlei Hinsicht als Ausnahmegeiger bezeichnet werden. Sein Geigenstil war einzigartig, seine Popularität als Stargeiger dominierte die erste Hälfte des 20. Jahrhunderts und seine Interpretationen hatten großen Einfluss auf die nachfolgenden Geiger:innen-Generationen – bis heute. Von sich behauptete er, dass er kein großes Bedürfnis nach ausgedehnten Übungsphasen hätte, seine Finger schienen immer eine ausgezeichnete Beweglichkeit ohne Ermüdungserscheinung aufzuweisen, er wirkte nie nervös oder angespannt. Er war ein Geiger der „großen" Konzerte von Bach, Beethoven und Brahms, aber bedauerte die geringe Anzahl solcher Werke. Er interpretierte die „kleinen" Charakterstücke, unabhängig davon, ob sie aus seiner eigenen Feder stammten oder „echte" Bearbeitungen von Werken Tartinis, Corellis, Paderewskis etc. darstellten, mit ebensolchem Charme und unvergleichlicher Raffinesse. Die Violinstimme konnte er auswendig im Gedächtnis behalten und studierte die Werke über die Klavier- oder Orchesterpartitur. Auf diese Weise vermitteln seine Interpretationen auch eine untrennbare Einheit von Solo-Part und Begleitung.

Kreisler nannte eine große Anzahl an Violinen sein Eigen, einige Stradivaris und Guarneris stehen dabei im Vordergrund. Offenbar suchte er immer nach der „idealen" Geige, darunter die 1741 Guarneri del Gesù „Hart, Kreisler", die der Stargeiger von 1904 bis 1917 besaß und mit der er das ihm gewidmete Violinkonzert von Edward Elgar aus der Taufe hob. Die 1733 Guarneri del Gesù „Kreisler" wird in seinem Nachlass in der Library of Congress in Washington, D. C. aufbewahrt, aber zum Erhalt ihrer Qualität immer wieder bespielt.

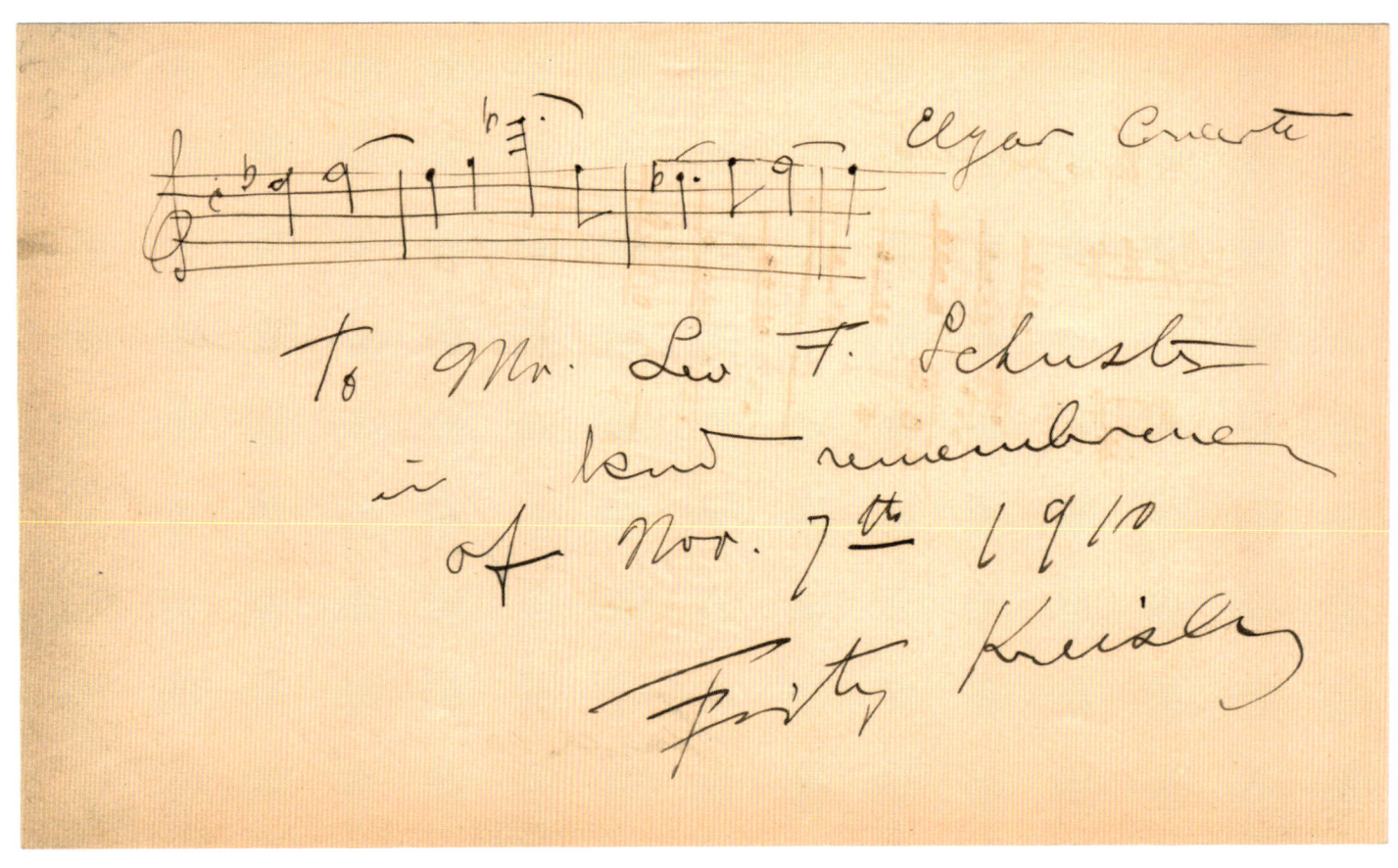

Autogramm von Fritz Kreisler mit Notenzitat von Edward Elgars Violinkonzert, 7. 11. 1910 © JM

LISTE DER VIOLINEN FRITZ KREISLERS[12]

Guarneri de Mantoue „Kreisler", Mantua 1707
Stradivari „Earl of Plymouth", 1711
Daniel Parker „Kreisler", London 1715? 1720?
Stradivari „Greville, Kreisler, Adams", 1726
Stradivari „Hart", Cremona 1727
Guarneri „Kreisler, Nachez", Cremona 1732
Stradivari „Baillot", Cremona 1732
Guarneri „Kreisler", Cremona 1733

Stradivari „Huberman, Kreisler", 1733
Carlo Bergonzi, Cremona 1733
Stradivari „Lord Amherst of Hackney", 1734
Guarneri „Mary Portman", 1735
Guarneri „Hart, Kreisler", Cremona ca. 1741
Guarneri „Dushkin", Cremona 1742
Guarneri „Tigre" „Benno Rabinof", 1742
Vuillaume "Paganini, Kreisler", Paris 1845? 1850?

Sein charakteristischer Geigenstil ist durch ein intensives Vibrato geprägt, das er je nach Tempo und Dynamik sehr subtil zu variieren verstand. Kreisler beherrschte das sogenannte Wiener Rubato perfekt und wandte es – zur Überraschung und gelegentlich auch Bestürzung von Zeitgenoss:innen – bedenkenlos und großzügig an. Seine Portamenti und andere persönliche Phrasierungstechniken sowie eine eher feste Bogenhaltung und eine geringere Ausnutzung der Bogenlänge als üblich faszinieren und irritieren Geiger:innen bis heute und tragen dazu bei, dass sein Name und seine Interpretationen nie verblassen werden.

Kaum jemand hat die Einheit von Mensch und Musik in der Gestalt Fritz Kreisler so eindrücklich vermittelt wie Yehudi Menuhin: „Fritz Kreisler is one of the best colleagues, one of the greatest gentlemen and most gentle characters I know. These characteristics have glowed through his music, and no public, during his long career, has been at a loss to recognize them. He is a human being whose every heartbeat is a feeling and a reality. He entertains no false ideas, bears no false pride, knows no vanity, has no false ambitions, and does not hide under any masks. When one meets him one knows him, and one will never be let down by assuming from the first his goodness, kindness, sympathy, and, let us never forget, his great ability. His tone, the favorite violin tone of all time, is beloved and admired by millions the world over. That tone expresses the man. No other violin tone, no matter how lush, how big, how vibrant, or how pure, has ever moved human beings in the same way. I would say no other tone has been produced by the same soul."[13]

---

12 Vgl. *Tarisio*, https://tarisio.com (Zugriff am 27. 3. 2022).
13 Lochner 1950, wie Anm. 3, 366.

Als ich Fritz Kreisler zum ersten Mal hörte, war er ein junger Mann und ich ein Knabe. Er spielte das Mendelssohn-Concerto und ich war vom ersten Ton an hingerissen. Sein herrliches Spiel und sein echtes Musikantentum haben mir seither stets Genuß verschafft. Ich bin als einer seiner größten und ältesten Bewunderer und ich fühle mich ihm in Dankbarkeit verbunden, weil er mir durch seine eminente Kunst des Violinspielens und des schöpferischen Musizierens so viel Freude und Anregung bescherte.

Adolf Busch

in: Louis P. Lochner, *Fritz Kreisler*, übers. von H. R. Nack, Wien 1957

When I first heard Fritz Kreisler, he was a young man and I was a boy. From his first note on his violin (he played the Mendelssohn Concerto) I was enchanted. It was his beautiful violin playing and his musicianship which I have enjoyed ever since then. So I am one of his greatest and oldest admirers and I feel grateful to him for giving me so much joy and Anregung through his great art of violin playing and music making.

Adolf Busch

in: Louis P. Lochner, *Fritz Kreisler*, New Jersey 1950

Eric Wen

"HE DID NOT ONLY PLAY THE VIOLIN, HE BECAME THE VIOLIN."

This remark of Bruno Walter's encapsulates the essence of Fritz Kreisler.[14] Born on February 2, 1875, Friedrich "Fritz" Kreisler displayed an early gift for music. The son of a physician who emigrated from Galicia (today, Poland) to Vienna, young Fritz grew up in an assimilated middle-class Jewish family in a community in which Sigmund Freud was a family friend and Artur Schnabel was a younger neighbor. At the age of seven, Kreisler was admitted into the class of Joseph Hellmesberger Jr. at the Vienna Conservatory,[15] and upon his graduation three years later, he went to Paris, becoming a pupil of Lambert Massart at the Conservatoire. The seventy-four-year-old Massart was delighted with his young pupil and wrote to Kreisler's father: "I have been the teacher of Wieniawski and many others; but little Fritz will be the greatest of them all."[16] At the age of only twelve the prodigy won the Paris Conservatoire's *premier prix*.

Soon after his graduation from the Paris Conservatoire, the thirteen-year-old Fritz embarked on a major concert tour of the United States. Appearing as second billing to the pianist Moriz Rosenthal, he was guaranteed a small fee per appearance for a minimum of fifty concerts. Kreisler gave his American recital début in Boston on November 9, 1888, followed by a performance of the Mendelssohn Concerto in New York's Steinway Hall. The critical response was cautiously favorable, but did not establish the young violinist as an overnight sensation. After nearly six months abroad, Fritz returned to Vienna to proceed with his academic studies at his local *Gymnasium*. His broad general education served him well: in addition to developing a love of literature that would last throughout his life, he became fluent in several modern languages, as well as both classical Greek and Latin. He explored a variety of interests and led a somewhat bohemian life, indulging in a proclivity for drinking and gambling, as well as a number of amorous relationships. However, he also maintained a close association with Vienna's vibrant artists' circle, which included the operetta composer Richard Heuberger and the writers Hugo von Hofmannsthal and Arthur Schnitzler.

Kreisler served a compulsory year of military service in 1895 before deciding to return to a career as a violinist. Although he had been a brilliant child prodigy, he was now overshadowed in his native Vienna by both Bronisław Huberman and Jan Kubelík. Worst of all, at twenty-one, he failed

---

14   Bruno Walter, Fritz Kreisler 75th Birthday Speech, https://www.youtube.com/watch?v=mOQ_1CXE0gA (2:37–2:41) (accessed 5. 9. 2022).
15   Today's mdw – University of Music and Performing Arts Vienna.
16   Louis P. Lochner, *Fritz Kreisler*, New York 1950, 20.

Fritz Kreisler im Alter von 10, Conservatorium der Gesellschaft der Musikfreunde in Wien, 1885 © US-Wc

Matrikel von Fritz Kreisler, Conservatorium der Gesellschaft der Musikfreunde in Wien, 1882–1885 © A-Wgm

Buchstabe K

Conservatorium für Musik und darstellende Kunst
der Gesellschaft der Musikfreunde in Wien.

MATRIKEL.

Des Schülers Name und Vorname: *Kreisler Friedrich*
Geburtsort und Land: *Wien* ; Geburtsjahr und Monat: *Feber 1875*
Name und Stand des Vaters (Obsorgers): *D.r Kreisler II. gr. Schiffgasse 21.*
Hauptfach für welches der Schüler sich aufnehmen liess: *Violine*
Eingetreten am *12 Septbr* 188*2* mit welcher Schulbildung? im Schuljahre 18
War Stiftling de im Schuljahre 18
War *Jahr* befreit im Schuljahre 18*83-84-85* Revers Nr. *530*
Genoss an Unterstützung im Schuljahre 18
Ausgetreten am 18 wegen
Entlassen am 18 wegen
Erhielt das Abgangszeugniss, Diplom und die Gesellschaftsmedaille *nach Abschluss d. Violine f. 84/85*

Uebersicht der jährlichen Studienerfolge.

Zur Bezeichnung der Jahrescensuren dienen die Zahlen 1 bis 4 und es bedeutet: bezüglich des **Hauptfaches**: 1 = vorzüglich, 2 = befriedigend, 3 = zum Fortgang nicht genügend, 4 = ungenügend; bezüglich der **Nebenfächer** und des **Fleisses**: 1 = vorzüglich, 2 = befriedigend, 3 = genügend, 4 = ungenügend; bezüglich der **Conduite**: 1 = vollkommen entsprechend, 2 = entsprechend, 3 = nicht entsprechend.
Die Hauptfachnote 1 und 2, und die Nebenfachnoten 1, 2 und 3 begründen den Fortgang; die Hauptfachnote 3 und die Nebenfachnote 4 die Wiederholung; die Hauptfachnote 4 die Entlassung.

Vorbereitungscurs.

1. Jahrgang. Schuljahr 18 18

Erhielt   Verweise;   Rügen; wesshalb?

2. Jahrgang. Schuljahr 18 18

Erhielt   Verweise;   Rügen; wesshalb?

Ausbildungsschule.

1. Jahrgang. Schuljahr 1882 / 1883

Lehrgegenstände	Eignung	Note	Anmerkungen
Violine (Hellmesberger)	Eins		
Allg. Musiklehre	Eins		
Clavier f. Str.	Zwei		
Orchesterübung			
Chorschule			*Schulpflicht*
Chorübung			

Erhielt   Verweise;   Rügen; wesshalb?

II. Jahrgang. Schuljahr 1883 / 1884

Lehrgegenstände	Eignung	Note	Anmerkungen
Violine (Hellmesberger)	Eins		
II. Clavier (Sturm)	Eins		
Harmonielehre (Fuchs)	Eins		
Orchesterübung			
Kammermusik	Eins		
Chorschule			*Schulpflicht*
Chorübung			

Erhielt   Verweise;   Rügen; wesshalb?

III. Jahrgang Schuljahr 1884 / 1885

Lehrgegenstände	Eignung	Note	Anmerkungen
Violin Hellmesberger	Eins		
Gesch. d. Mus. W.	Drei		
Kammermusik			
Orchester			
Chorschule			
Chorübung			
III. Clav. (Löw) für Prei fl.	Eins		

Hat beim Concurs einen *I.r* Preis erlangt.
Erhielt   Verweise;   Rügen; wesshalb?

the audition for the position of assistant concertmaster at the Vienna Court Opera Orchestra. Determined to make a career against all odds, Kreisler practiced with renewed vigor; two years later, he was invited by Hans Richter to appear as soloist with the same orchestra that had turned him down. Important dates in other major cities soon followed, and at Kreisler's début with the Berlin Philharmonic under Arthur Nikisch on December 1, 1899, Eugène Ysaÿe gave him a standing ovation, a magnanimous gesture that virtually ensured the younger violinist's triumph.

In 1900, Kreisler returned to the United States and made his Carnegie Hall début on December 7 as soloist with the New York Philharmonic. In the years that followed he toured extensively both as a soloist and in a trio with the pianist Josef Hofmann and cellist Jean Gérardy. By the time of his London début with the London Philharmonic on May 12, 1902, Kreisler had achieved the international acclaim he had long deserved.

The violinist's marriage to Harriet Woerz (née Lies) later that year helped maintain this success. A strong-minded and determined divorcée, Harriet not only curbed Fritz's indulgences but focused her attention upon building his career. She was not unaware of her influence over her husband and, during the course of their sixty-year marriage, would often bluntly remark: "I know Fritz best, I have made him. The entire world acclaims the result. I knew what was good for him."[17] Indeed, Kreisler was a household name; much in the same way as Caruso, Paderewski, and Casals epitomized the voice, piano, and cello to millions at the time, Kreisler did the same for the violin.

Throughout his career Kreisler performed with the most important musicians of the century. His duo sonata partners included such piano giants as Harold Bauer, Ferruccio Busoni, Ernő von Dohnányi, Carl Friedberg, Leopold Godowsky, Josef Hofmann, and Sergei Rachmaninoff, and he often played with Casals (recurrently as a trio with either Bauer or Paderewski). He was a frequent guest soloist with the New York Philharmonic under Gustav Mahler, he played the concertos of Camille Saint-Saëns and Max Bruch with the composers themselves, and he championed many now forgotten contemporary works, such as the violin and piano suites by Carl Goldmark and York Bowen, and the concertos by Frederic d'Erlanger and Ernest Schelling. Most significantly, in London on November 10, 1910, he gave the world première performance of Edward Elgar's Violin Concerto with the composer conducting. According to Joseph Szigeti, this concert "created a stir such as we cannot visualize today."[18] Now established as the most famous violinist of his day, Kreisler was in such demand in the U.S. that he took up residence for nearly five months each year in New York's Wellington Hotel. At one time, at the height of his career he played thirty-two concerts in thirty days. Indeed, Rachmaninoff once remarked that "Fritz gives so many concerts that he doesn't need to practice."[19]

The advent of the Great War in 1914, however, interrupted Kreisler's performing career. He became a volunteer as a

---

17   Ibid., 88.
18   Joseph Szigeti, *Szigeti on the Violin*, London 1969.
19   Lochner, *Fritz Kreisler*, 78.

(v.l.n.r.) Fritz Kreisler, Walter Damrosch, Harold Bauer und Pablo Casals, bei einem Konzert in der Carnegie Hall, New York 14. 3. 1917 © US-NYcha

reserve officer in the Austrian army and went into battle. After being wounded in action on the Russian front, he was discharged, but was left with a slight limp that remained with him for the rest of his life. In 1915 he wrote a memoir of his wartime experiences entitled *Four Weeks in the Trenches*.[20] The little book was written in English with the intent of satisfying the American public's obsession with the violinist, but this backfired when the U.S. entered the war in April 1917. Almost overnight, Kreisler became vilified through the ensuing war hysteria. Many detractors accused him of sending money earned from concerts to support the Austrian war effort, and several patriotic groups actually barred him from playing concerts in America. In early November 1917, Kreisler issued a lengthy statement in the *New York Times* defending his neutral stance, but a few weeks later, despite the support gathered around him, the violinist decided to go into voluntary exile and canceled all forthcoming U.S. concert engagements.

The decline of Kreisler's popularity with American audiences coincided with the rise in the public's affections of another violinist: Jascha Heifetz, the sixteen-year-old Russian phenomenon who made his Carnegie Hall début in October 1917.

After the First World War, despite persistent anti-German sentiment, Kreisler gradually regained his former position of prominence. The former "enemy" made a triumphant return to Carnegie Hall on October 27, 1919, exactly two years after Heifetz's American début. Kreisler's fist postwar appearances in England and France came still later with recitals at London's Queen's Hall in 1921 and the Paris Opéra in 1924. By the mid-1920s Kreisler was back in full swing again. He made highly successful extended tours of the Far East and Australia in 1923 and 1925, respectively.

In these years, Kreisler attained a popularity that can only be compared to the heyday of Paganini. He performed in venues as large as New York's Hippodrome and London's Palladium, where such stars as the magicians Houdini and Blackstone were also featured.

The advent of the Second World War, however, caused another major disruption to Kreisler's life. Having made Berlin his home since 1924, he was forced out by the rise of Nazism. Despite Harriet Kreisler's determination to see her husband established as Germany's greatest violinist, the racial laws of the Nazi government could not be circumvented. In 1938, Kreisler accepted the French government's offer of citizenship, which he held until the Vichy government came into power in 1940. He then emigrated to the U.S., where he became an American citizen in 1943.

◎◎◎

Fritz Kreisler was the last of the violinist composers, ending a tradition that extended back to Corelli and Vivaldi, and continued through Spohr, Paganini, Ernst, Vieuxtemps, Wieniawski, Joachim, and Sarasate. His beautifully crafted works did not parade virtuosity for its own sake but stressed elegance and charm. Furthermore, his gift for melody and keen ear for harmony and counterpoint were cultivated by his studies in theory and composition with Bruckner and Delibes as a student at the Vienna and Paris Conservatories.

Kreisler's short pieces are now firmly established in the violin repertoire. Despite their uniquely Viennese character, his

---

20 Fritz Kreisler, *Four Weeks in the Trenches: The War Story of a Violinist*, Boston and New York 1915.

Flugblatt von einem der letzten Auftritte in den USA vor der Beschränkung der Konzerttätigkeit, Symphony Hall, Boston 24. 11. 1917 © JM

Zeitungsartikel „Fritz Kreisler in Ostasien", *Sonntagsblatt Staats-Zeitung und Herold*, New York 24. 6. 1923 © A-Weaz

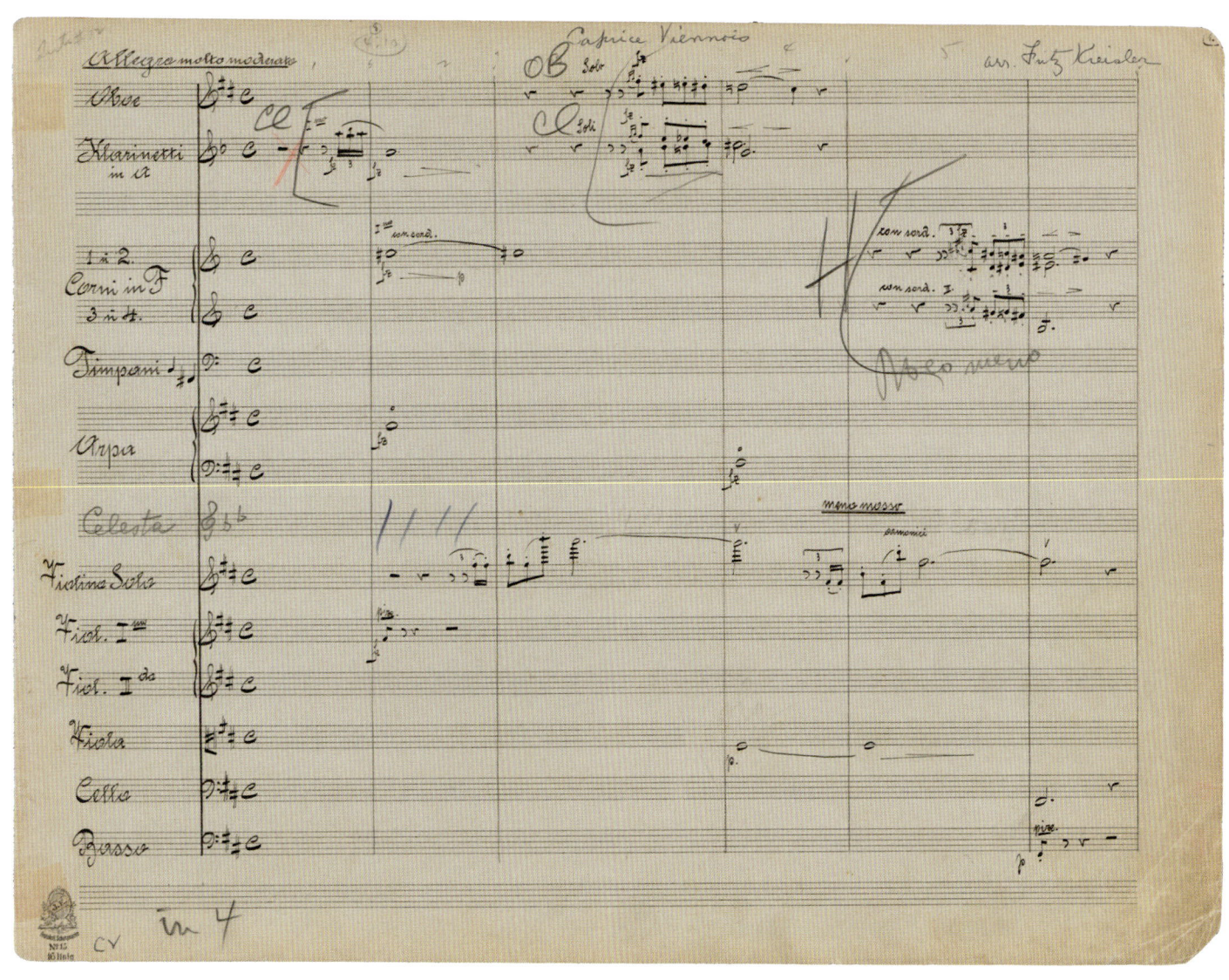

Fritz Kreisler, *Caprice Viennois*, Orchesterfassung, Handschrift, datiert 1. 2. 1912 © US-Wc

Fritz Kreisler, Kadenz zum 3. Violinkonzert, 3. Satz von W. A. Mozart, KV 216, Handschrift, datiert 6. 9. 1945 © US-Wc

Liebesfreud, *Liebesleid*, and *Schön Rosmarin* have a broad appeal, and the bittersweet *Caprice Viennois* has virtually become his signature tune.

Some of his other works are intended to evoke distant lands: the pentatonic scales and fifths and fourths in *Tambourin Chinois* conjure up the exotic sounds of the Far East, and *La Gitana* is subtitled "Arabian-Spanish gypsy song of the eighteenth century."

Kreisler also wrote wonderful cadenzas for the major violin concertos. In his first-movement cadenza to the Beethoven Concerto, following the brilliant chordal writing in tremolos, he combines the two principal themes of first movement in a brilliant climax. And his imaginative treatment of the second theme at the end of his cadenzas to the Brahms Concerto and Mozart's Rondo from the *Haffner* Serenade are simply delightful.

Kreisler could also compose convincingly in a nineteenth-century Classical style. In his *Rondino on a Theme by Beethoven*, he not only elaborates the opening four-bar theme of Beethoven's little-known Rondo in G (WoO 41), but adds new contrasting sections and an original coda.

Kreisler's gift for writing pastiche works went still further with a number of seventeenth- and eighteenth-century-style compositions. In 1905, a series of previously unknown Baroque violin and piano works arranged by Kreisler were published under the title *Classical Manuscripts*. The violinist credited a collection of fifty-three manuscripts discovered "in an old convent in the South of France"[21] as the source for these pieces, explaining further that "this music was not all written for violin. I have arranged some of it for my instrument. I have made minor changes in the melodies, and I have modernized the accompaniments to some extent, but I have tried to retain the spirit of the original compositions."

As is now well-known, Kreisler was actually the composer of these "discovered" pieces, and they featured prominently in the violinist's repertoire as Baroque originals for more than a quarter of a century. Most of Kreisler's colleagues knew the true origin of these works. (George Enescu told his protégé Yehudi Menuhin to play the arrangements by Kreisler "irrespective of the strange names connected with some of them."[22]) In fact, it was a lecture-recital in 1935 by Menuhin that led to the unmasking of Kreisler's hoax. When the American critic Olin Downes tried to find the original version of the "Pugnani" Preludium and Allegro and asked Kreisler about it, the violinist finally confessed to his authorship. He explained: "Necessity forced this course upon me thirty years ago when I was desirous of enlarging my programs. I found it impudent and tactless to repeat my name endlessly on the programs."[23]

While most critics took this revelation in their stride, the venerable London *Times* critic Ernest Newman, previously one of the violinist's ardent fans, took severe umbrage at Kreisler's confession and belittled the works. A heated exchange followed in the *Times*, with Newman claiming that "any admirably good musician, no matter how modest his endowment for original composition may be, can turn out with perfect ease a manufactured modern article so like the ancient thing

---

21 *New York Times*, 9. 11. 1909; reprinted in Lochner, *Fritz Kreisler*, 98.
22 Lochner, *Fritz Kreisler*, 297.
23 *New York Times*, 3. 3. 1935; reprinted in ibid., 298.

it purports to be that listeners everywhere will unquestionably accept it as genuine."[24] Kreisler's ultimate challenge to Newman "to prove his simple-formula theory, by turning out *in clausura* a specified piece in antique style"[25] was never taken up. Posterity has sided with the violinist as Kreisler's *Classical Manuscripts* have retained their popularity and continue to appear on concert programs.

Besides short violin pieces, Kreisler composed two operettas. *Apple Blossoms*, written during the last year of the First World War, was, according to the violinist, composed "for my own sake as for the public. [...] In seeking to write songs which amuse people and make them happy, if only for a moment, I found I could forget myself."[26] The operetta was first produced in New York in 1919, featuring Fred Astaire and John Charles Thomas in principal roles. Kreisler's second operetta *Sissy* – later known in the film version as *The King Steps Out* – was premiered in Vienna in 1932, followed by runs in Munich, Amsterdam, and Basel. Paula Wessely played the leading role in Sissy and the young Hedy Lamarr (née Kiesler) briefly took over from her before she emigrated to Hollywood. Selections from these operettas were extremely popular, and such well-known singers as Richard Tauber, Elisabeth Schumann, and Maria Ivogün not only sung them in recitals but also recorded them.

Not all of Kreisler's music was in light vein, however. He composed Lieder to poems by Joseph von Eichendorff and Gottfried Keller and wrote a full-length String Quartet in A

---

24 *Sunday Times*, 17. 3. 1935; reprinted in ibid., 302.
25 *Sunday Times*, 31. 3. 1935; reprinted in ibid., 303.
26 Lochner, *Fritz Kreisler*, 182.

Fritz Kreislers Werkliste © Eric Wen

Quintett mit (v.l.n.r.) Luis Savart (Horn), Fritz Kreisler (Violine), Arnold Schönberg (Violoncello), Eduard Gärtner (Violine) und Karl Redlich (Flöte); Payerbach 1900 © US-Wc

Minor. The latter work, which dates from 1919, is a highly emotional piece that the violinist described as "mein Bekenntnis zu Wien".[27] Its rich early-twentieth-century chromaticism echoes the musical language of his contemporaries Hugo Wolf, Erich Wolfgang Korngold, and early Arnold Schoenberg. Kreisler reveals a deeper, more intimate side of his musicianship here, far from the easygoing and lighthearted character of the charming miniatures with which he is so often associated.

◉◉◉

Kreisler's career coincided with the development and merchandising of commercial recordings. In 1901, two of the most important recording companies were established: the Victor Talking Machine Company in the U.S. and The Gramophone Company (the original incarnation of "His Master's Voice") in the U.K. Together they dominated the recording industry in the first half of the twentieth century. Although the catalogue of serious music on both labels was initially reserved for the illustrious singers of the day – Caruso, Melba, and Tetrazzini among them – Kreisler became the star violinist of both labels. He made his first commercial recordings in 1904, and his last in 1947, and his prolific activity in the recording studio confirmed his worldwide reputation.

The violinist's 1915 recording of the Bach "Double" Violin Concerto – made with the Russian-born Auer pupil Efrem Zimbalist – was a landmark. It was not only Kreisler's first recording of a concerto but also the first complete recording of a major Bach work. He went on to record the violin concertos by Beethoven, Mendelssohn, and Brahms (twice each), as well as the complete Beethoven Sonatas for Violin and Piano. Among the highlights of Kreisler's recording career are the three glorious sonata recordings made with Sergei Rachmaninoff in 1928. But it was Kreisler's recordings of short pieces for violin and piano that endeared him to a vast public. Despite his penetrating interpretations of the masterpieces by Bach, Mozart, Beethoven, Schubert, and Brahms, it was his playing of popular songs, such as Rudolf Friml's *Indian Love Call* and Victor Herbert's *Kiss in the Dark*, that won the most hearts. By reaching out to a wide audience, Kreisler became one of the first "crossover" artists, transcending the domain of "classical" music. He once remarked that the primary virtues of an artist were the ability to communicate "sincerity and personality," and in these little works he projected those qualities in abundance. Without patronizing them, he could elevate the simplest musical trifles such as *The Rosary* by Ethelbert Nevin or *The Beautiful Ohio Waltz* by Mary Earl into miniature gems.

Every home with a gramophone was certain to own a disc by the Austrian violinist. Within the time limitations of a 78 rpm record, Kreisler chiseled each violin miniature to perfection. The notion that he simply tossed off these little pieces is far from the truth. The number of takes he would make of a two- or three-minute piece attests to the care and attention he lavished upon them. (His recording of Debussy's *Girl with the Flaxen Hair* took more than twenty-five different takes before he deemed one satisfactory.)

◉◉◉

---

27 Lochner, *Fritz Kreisler*, 194–195.

In addition to Kreisler's own compositions, virtually every violinist featured his transcriptions for violin and piano on their programs, and the demand for them was huge. Even pieces originally written for the violin were brought out as "arranged" by Kreisler. In these "arrangements" he not only enriched the piano part but also transferred the musical material from the piano to the solo violin, as in the second movement of Dvorak's Sonatina in G Major for Violin and Piano (retitled by Kreisler as an "Indian Lament") and the Larghetto from Weber's Violin Sonata no. 1.

Kreisler provided piano accompaniment for the complete Partita no. 3 in E Major by Bach and created imaginative new accompaniments to such staples of the violin repertory as Corelli's *La Follia* Sonata, Viotti's Concerto no. 22, and the first movement of Paganini's Concerto no. 1. Kreisler's arrangements include American songs by Stephen Foster, Russian and Irish folk melodies, and the Hawaiian anthem *Aloha 'Oe*. He also arranged popular salon pieces of the day, such as Cyril Scott's dreamy *Lotus Land* and Ede Poldini's playful *Poupée Valsante*. Even several orchestral works ended up as short violin pieces. In addition to several of Dvorak's *Slavonic Dances*, as well as the principal theme from the slow movement of the *New World Symphony* (entitled "Negro Spiritual Melody"), Kreisler adapted two movements of Rimsky-Korsakov's *Scheherazade*, and the exotic "Habanera" movement from Ravel's *Rapsodie espagnole* for violin and piano.

A large part of the success of Kreisler's arrangements was owed to his expert piano writing. Kreisler himself was a superb pianist who especially enjoyed delighting party guests by playing Viennese waltzes on the piano. Among the fans of his piano playing were Leopold Godowsky ("he has an exquisite touch on the piano and plays simply in a captivating way") and Ignacy Jan Paderewski ("I'd be starving if Fritz had taken up the piano. How beautifully he plays!"[28]). A well-known incident documenting Kreisler's skill at the piano is recalled by the brilliant English pianist Harold Bauer (who had begun his career as a violinist). According to Bauer, during a postconcert reception "at about midnight, Fritz and I, yielding to insistent requests, consented to make a little music. [...] I borrowed Fritz's violin, he sat at the piano, and we played part of Beethoven's 'Kreutzer' Sonata in this way (the work had figured on our program earlier in the evening)."[29]

As for Kreisler's violin playing, as documented by his recordings he introduced a whole new dimension into playing the instrument. Above all, he had an unerring sense of timing. His innate rhythm was unshakable, yet he was also a master of rubato. And his purity of intonation gave his double stopping a luminous sonority that resonated magically upon whatever violin he played.

Kreisler projected an intensely virile style of playing. His incisive bow strokes and his ability to vibrate on every note, even in fast passages, both were groundbreaking for his time. Despite the energy of his playing style, however, there was a graceful ease in his interpretations. This combination of facility and intensity was unique to Kreisler and contributed to what Joseph Szigeti called the "ennobled sensuality" of his playing. Although he is utterly captivating in the short pieces, Kreisler was a colossal musician. His interpretations of the great

---

28 Ibid., 12.
29 Harold Bauer, *His Book*, New York 1948, 203.

masterworks of the classical canon are profound and commanding. One merely has to hear his only recording of a solo piece by Bach – the opening Adagio from the Sonata no. 1 in G Minor – to appreciate the work's overall structure and depth of feeling. Although not stylistically "authentic," Kreisler's recording captures the spiritual essence of the piece.

⊙⊙⊙

By the time he emigrated to America during the Second World War, Kreisler was nearly seventy years old, and the traumatic world events had taken a steep toll. One year after settling in the U.S., the great violinist suffered a traumatic accident, being hit by a truck while crossing New York's Madison Avenue on April 27, 1941. (He remained in hospital for two months, but eventually recovered and was back on the concert stage early the next year.) A further trauma followed when he had to settle back taxes with the U.S. Government and was forced to donate his Guarneri del Gesù violin as well as the autograph manuscripts of Brahms's Violin Concerto and Chausson's *Poème* to the Library of Congress.

At the age of seventy-two, on November 1, 1947, Kreisler gave his last recital appearance in Carnegie Hall. His playing was still distinctive and memorable, and Nathan Milstein noted at the time that "there is a natural superiority about Fritz Kreisler which age cannot destroy [...]. His technique is still indescribable." Nevertheless, aside from a few radio broadcasts for the *Bell Telephone Hour*, Kreisler retired after reaching his seventy-fifth birthday. He spent the remaining decade of his life in New York City, where he died on January 29, 1962.

Although he epitomized the essence of Viennese grace and charm, Fritz Kreisler's appeal was universal. Having grown up in an age before cars, electricity, and television, he lived into the era of space travel. As he approached his seventy-fifth birthday, he confided to his biographer Louis P. Lochner:

> I am grateful to have been privileged to associate with Olympians like Brahms, Bruckner, Dvorak and Hans Richter. I believed that humanity lived more gracefully, more abundantly, and more deeply appreciative of what the arts meant for human uplift, during the period before 1914 than it could during and after the ravages of two world cataclysms. It has filled me with pride and joy that, while science, alas, has been mainly diverted during my lifetime to purposes of destruction, art, and especially the art of music, has been a healing factor, a powerful stimulus to overcoming national animosities, a harbinger of peace and international brotherhood [...]. If I have one regret, it is that, in our present mechanical age, the growing generation of musicians may never be able to experience that indescribable, intangible something that made the profession of a musician so beautiful and satisfying in my time and age.[30]

---

30 Lochner, *Fritz Kreisler*, 397.

Postkarte von Salomon Auber an Fritz Kreisler, 19. 7. 1900 © A-Wnhd

„Wohlg Herrn Fritz Kreisler
Reichenau bei Payerbach
Villa Redlich"

„Lieber Fritz! War Prizitzl im Wald?
Ist Hugo schon bei Euch? Beste Grüße
S. Auber
19. VII. 1900
Adresse: Iwonicz Curort in Galicien."[31]

Matthias Schmidt

FRITZ KREISLER – EIN JÜDISCHER GEIGER?

Eine Postkarte

Die oben abgebildete „Correspondenz-Karte" der k. u. k. Post war um die 700 Kilometer unterwegs, ehe sie ihr Ziel erreichte. Als Ort wird Reichenau angegeben, eine Sommerfrische am Fuß der Raxalpe, knapp 100 Kilometer südwestlich von Wien. Adressat ist der junge Geigenvirtuose Fritz Kreisler, der in jener Zeit häufiger bei Baurat Karl Redlich (einem leitenden Ingenieur der Donau-Regulierungs-Kommission, Mäzen und Multimillionär) zu Gast war.[32] Aufgegeben wurde die Karte am 19. Juli 1900 in Iwonicz, einem „Curort in Galicien", wie der Absender vermerkt, vier Tage später traf sie in Reichenau ein. Das knapp 3.000 Einwohner:innen zählende Iwonicz liegt im Karpatenvorland und war zu jener Zeit für seine brom- und jodhaltigen Heilquellen bekannt.

Das Fotomotiv auf der Karte zeigt allerdings nicht Iwonicz, sondern mutmaßlich eine Straßenszenerie aus Sędziszów Małopolski.[33] Möglicherweise schien der Alltagsschnappschuss mit geschäftigen Menschen von teils jüdischer Erscheinung (Hut, Kaftan, Schläfenlocken etc.) als Postkartenmotiv einer heiter verklärten galizischen Schtetl-Kultur attraktiv.[34] In Sędziszów war zu jener Zeit mehr als die Hälfte der 2.500 Einwohner:innen jüdisch.[35] Im Ortszentrum fanden sich Synagogen und Bethäuser, und es gab ein reiches jüdisches Kultur- und Gesellschaftsleben. Das von der Bildanordnung nahegelegte unverfälschte Schtetl-Idyll ist freilich eine folkloristische Erfindung. Voraussetzung für das vielfältige Leben in der Region Galizien vor dem Ersten Weltkrieg war die Verflechtung

---

31 Postkarte von Salomon Auber an Fritz Kreisler vom 19. 7. 1900, Sammlung von Handschriften und alten Drucken, Österreichische Nationalbibliothek, Wien (Sammlung Otto Frankfurter), Signatur: Autogr. 218/57-2.

32 Vgl. Brief von Arnold Schönberg an Louis P. Lochner vom 26. 1. 1950, Music Division, Library of Congress, Washington, D. C. (Arnold Schönberg Collection), online einzusehen in der Briefdatenbank des Arnold Schönberg Center, Wien, ID: 5334.

33 Es gibt im Nordwesten Galiziens einen zweiten, deutlich weiter von Iwonicz entfernten Ort namens Sędziszów, auf den sich die Postkarte ebenfalls beziehen könnte. Hier lassen sich allerdings historisch ganz ähnliche Verhältnisse im Hinblick auf die Bevölkerungszahl, das jüdische Leben und die exterminatorische Deportation der jüdischen Bevölkerung nach Belzec im Zweiten Weltkrieg feststellen.

34 Vgl. auch Lucjan Dobroszycki und Barbara Kirshenblatt-Gimblett, *Image before My Eyes. A Photographic History of Jewish Life in Poland before the Holocaust*, New York 1977.

35 Vgl. *Encyclopedia of Jewish Communities*, Bd. III: *Poland*, übers. von Mitarbeiter:innen von Yad Vashem (Jerusalem), 280–282, https://www.jewishgen.org/yizkor/pinkas_poland/pol3_00280.html (Zugriff am 27. 3. 2022).

der religiösen und ethnischen Gemeinschaft aus Pol:innen, Ukrainer:innen, Deutschen sowie Jüdinnen und Juden, die aber genauso zu der katastrophalen Vernichtung dieser Gemeinschaft im Laufe der folgenden Jahrzehnte beitrug.[36]

Abgeschickt hat die Karte Salomon Auber (*1863), der Cellolehrer von Fritz Kreislers Bruder Hugo. Er selbst war der deutlich jüngere Bruder von Jacques Auber (*1851), der viele Jahre zuvor wiederum der erste Geigenlehrer von Fritz gewesen war. Die Familien Auber und Kreisler waren also, worauf auch der vertrauliche Ton der Postkarte verweist, vermutlich gut miteinander bekannt. Und was sie (unter anderem) sicher verband, war das lebendige Wissen um die gemeinsame Herkunft aus dem jüdischen Galizien. Die Aubers wie die Kreislers waren nicht lange zuvor aus der Ostprovinz des Habsburgerreiches nach Wien gekommen. Vielleicht wollte der Absender mit der Wahl seines Postkartenmotivs auf freundliche Weise daran erinnern.

Fritz Kreisler wusste also vermutlich sofort, worauf das Bildmotiv anspielte. Salomon Auber, sein Bruder Jacques und Fritz Kreislers Vater Samuel (*1843) waren in Galizien geboren und aufgewachsen: Salomon und Jacques als Mitglieder einer Musikfamilie (ihr Vater etwa war ein Geiger und Salonorchester-Leiter), Samuel als Sohn eines Baumeisters und später ausgebildeter Arzt. Strategischer Fixpunkt für die Ausbildung der Auber-Kinder wiederum war das Wiener Conservatorium der Gesellschaft der Musikfreunde, an dem auch Fritz Kreisler studieren sollte. Die unbedingte kulturelle Ausrichtung an den Maßgaben der weit entfernten Hauptstadt Wien war wesentlich für die Zukunftsplanung der Aubers gewesen. Und vermutlich auch für diejenige der Kreislers, spätestens nachdem ihre Söhne Fritz und Hugo sich als musikalisch hochbegabt zu erkennen gegeben hatten: Denn dass die Ausbildung zum Geiger oder Cellisten in den Kreisen jüdischer Zuwanderinnen und Zuwanderer eine „Art bürgerlich-städtische Währung" war, um das Misstrauen gegenüber Fremden zu zerstreuen und so „dazuzugehören", war fester Bestandteil der Überzeugung vieler Binnenmigrant:innen des k. u. k. Reiches.[37]

Bereits mit sieben Jahren war Fritz Kreisler ins Wiener Conservatorium als Violinschüler eingetreten und hatte unmittelbar danach ein Studium in Paris angeschlossen – beide Studiengänge beendete er mit Auszeichnungen. Nach einer schwierigen Phase der Transformation vom verhätschelten Wunderkind zur selbstbestimmten Musikerpersönlichkeit nahm seine Karriere ab den 1890er-Jahren einen immer geradlinigeren Verlauf. Den Durchbruch als international gefeierter Künstler erlebte er aber erst in den Jahren nach 1900. Von da an pendelte er zwischen Wien, Paris, London, Berlin und New York, unternahm Tourneen, machte Hunderte von Plattenaufnahmen und war zeitweilig der angesehenste (und nebenbei bemerkt bestbezahlte) Geiger der Welt. Daran änderte auch das Spielverbot in Deutschland nichts, das ihm nach 1933 als jüdischem Musiker auferlegt wurde, ebenso wenig die endgültige Emigration nach Amerika Ende der 1930er-Jahre.

---

36 Vgl. Omer Bartov, *Anatomie eines Genozids. Vom Leben und Sterben einer Stadt namens Buczacz*, Frankfurt am Main 2021, 19–20.

37 Leon Botstein, „Sozialgeschichte und die Politik des Ästhetischen. Juden und Musik in Wien 1870–1938", in: ders. und Werner Hanak (Hg.), *quasi una fantasia. Juden und die Musikstadt Wien*, Wien 2003, 43–63, hier 55.

Zur Heimat seiner Eltern unterhielt Kreisler mutmaßlich kaum Beziehungen. Doch obwohl die Kreislers sicher (wie viele gebildetere und wohlhabendere Einwanderinnen und Einwanderer aus Galizien) Modernisierung und Fortschrittlichkeit als gleichbedeutend mit dem Erwerb deutschen Kulturgutes betrachteten,[38] grenzten sie sich in ihrem neuen Wiener Umfeld wohl nicht ausdrücklich von der Kultur und Lebensweise anderer Ankömmlinge aus ihrer alten Heimat ab. Zu Beginn seiner Erwachsenenlaufbahn unternahm der 18-jährige Kreisler im Herbst 1893 immerhin eine Tournee durch Galizien, wo er unter anderem in Czernowitz[39] und Lemberg im ruthenischen Nationaltheater auftrat (er erntete dabei ausgesprochenes Lob als „Künstler ersten Ranges", das bis in die Zeitungen Wiens drang).[40] Und wenige Jahre später, gerade zum Zeitpunkt des Postkartenversands, begann die Karriere des Geigers richtig Fahrt aufzunehmen.

Galizische Herkunft

In der zweiten Hälfte des 19. Jahrhunderts hatte sich die jüdische Bevölkerung Wiens mehr als verzwanzigfacht, was vor allem mit der Zuwanderung aus der Provinz Galizien zusammenhing. Hier gab es einen besonders hohen Anteil jüdischer Menschen, die vor politischer Unterdrückung und sozialer Ungleichheit flohen und die erste Bleibe nach ihrer Ankunft am Wiener Nordbahnhof häufig im 2. Gemeindebezirk, der Leopoldstadt, fanden.[41] Ein wichtiger Anlass für die rasch anwachsende Wanderbewegung war das Staatsgrundgesetz vom Dezember 1867 gewesen, das allen Bürgern Österreich-Ungarns den Zugang zu öffentlichen Ämtern, freie Wohnsitznahme, freie Berufsausübung, freien Erwerb und freie Religionsausübung zusicherte. Dabei gab es sicher nicht *den* typischen jüdischen Zuwanderer: Zu erheblich waren die Unterschiede in sozialem Status und beruflichem Hintergrund. Vergleichbar waren eher die Bereitschaft zur Mobilität, ein ausgeprägtes Bildungsstreben, der Gruppenzusammenhalt und ein außergewöhnlicher Entfaltungswille als Minderheit. Mit diesen Voraussetzungen erwiesen sich jüdische Menschen übrigens auch als treueste Stütze des k. u. k. Staates: Bot ihnen doch vor allem seine Hauptstadt Aufstiegsmöglichkeiten, die sie das alte Wien „als das *irdische Jerusalem*" feiern ließen, wobei sie eine starke identifikatorische Bindung aufbauten.[42]

---

38 Vgl. Marsha L. Rozenblit, *Die Juden Wiens 1867–1914. Assimilation und Identität*, Wien u. a. 1988, 42.
39 Vgl. N. N., „Concertnachricht", in: *Bukowinaer Rundschau*, 21. 9. 1893, 6.
40 Vgl. ms., „Koncert", in: *Lemberger Courier*, 9. 10. 1893, 7; N. N., „Theater- und Kunstnachrichten", in: *Neue Freie Presse*, 12. 10. 1893, 8.
41 Vgl. Anton G. Rabinbach, „The Migration of Galician Jews to Vienna, 1857–1880", in: *Austrian History Yearbook*, Bd. 11/1975, 43–54.
42 Vgl. Norbert Leser, „Jüdische Persönlichkeiten in der österreichischen Politik", in: *Judentum in Wien. „Heilige Gemeinde Wien". Sammlung Max Berger*, Ausst.-Kat. Historisches Museum der Stadt Wien, Wien 1987, 54–70, hier 57; Klaus Hödl, *Wiener Juden–jüdische Wiener. Identität, Gedächtnis und Performanz im 19. Jahrhundert*, Innsbruck u. a. 2006, 30–31.

Grabstein von Fritz Kreislers Eltern
in der israelitischen Abteilung des
Wiener Zentralfriedhofs, 2022
© Nobuko Nakamura

Fritz Kreislers Vater, Dr. med. Samuel Kreisler, stammte aus dem städtisch-bürgerlichen Milieu Tarnopols mit seiner ethnisch und national vielfältigen Bevölkerung. Seine Frau Anna Chaje Rijwe Kreisler, selbst das älteste von sechs Kindern von Simon und Sara Reches, geb. Goldhammer, kam aus Dobromil, einer vergleichsweise kleinen galizischen Ortschaft mit hohem jüdischen Bevölkerungsanteil. Es gab dort unter anderem eine kunstvoll bemalte „Groise Shul", die Hauptsynagoge, die drei Stockwerke hoch war und verschiedene Beträume sowie ein ausgesprochen lebendiges Religions- und Festleben besaß.[43]

In den 1870er-Jahren waren es (im Vergleich mit böhmischen, mährischen und ungarischen Migrant:innen) noch wenige jüdische Menschen aus Galizien, die die wirtschaftlichen, sozialen und Bildungsmöglichkeiten der Hauptstadt nutzten.[44] Ihre Zahl erhöhte sich erst deutlich mit den nationalistischen Erhebungen von Ukrainer:innen und Pol:innen gegen das Habsburgerimperium nach 1900, die die jüdische Kultur (die selbst keine eigenständige Nation vertrat) zwischen die Fronten geraten ließen. Zu den frühen Zuwanderern jedenfalls gehörte Kreislers Schwiegervater Simon Reches, der schon längere Zeit vor der restlichen Familie in Wien in Erscheinung trat. (Reches scheint schon um 1860 in Wien etabliert gewesen zu sein, hatte aber nicht den besten Leumund und immer wieder unfreiwillig mit Gerichten zu tun; in der *Morgen-Post* wurde er einmal in Anspielung auf seine galizische Herkunft diffamierend als „deutsch gekleidete[r] polnische[r] Kratzer vom reinsten Wasser"[45] bezeichnet.) 1875 trat er als Kaufmann in der Großen Schiffgasse 21 im 2. Gemeindebezirk in Erscheinung.[46] Er wechselte immer wieder Wohnort und Berufsbezeichnung und figurierte ab 1895 als „Bmt. d. Creditoren-Ver." und im Todesjahr 1900 als „Vertreter des Wiener Creditorenvereines i. P.".[47] Die fünf Kinder und die Schwester lebten schließlich alle, zumeist verheiratet, in Wien.

Samuel Kreisler zog mit seiner zukünftigen Frau Anna Reches 1871 aus Galizien in die Wiener Leopoldstadt und praktizierte dort als Arzt.[48] Nach verschiedenen Wohnungswechseln lebte die Familie ab 1876 durchgehend in der Großen Schiffgasse 21. Samuel Kreislers Eltern Osias (1822–1908; wie erwähnt ein Baumeister[49] und nicht etwa ein Architekt, wie der Biograf Louis P. Lochner behauptet[50]) und Chana Esther Kreisler, geb. Sternberg, stammten aus Tarnopol. Während

---

43 Vgl. etwa Saul Miller, *Dobromil. Life in a Galician Shtetl 1890–1907*, New York 1980.

44 Vgl. Rozenblit 1988, wie Anm. 38.

45 N. N., „Aus dem Gerichtssaal", in: *Morgen-Post*, 12. 6. 1872, 4; Vgl. etwa auch N. N., „Aus dem Gerichtssaale", in: *Neue Freie Presse*, 12. 4. 1871, 8.

46 Vgl. *Adolph Lehmann's allgemeiner Wohnungs-Anzeiger nebst Handels- und Gewerbe-Adreßbuch für die k. k. Reichshaupt- und Residenzstadt* [...], Wien 1875, 435.

47 Vgl. *Neue Freie Presse*, 26. 8. 1900, 17.

48 Vgl. *Adolph Lehmann's allgemeiner Wohnungs-Anzeiger nebst Handels- und Gewerbe-Adreßbuch für die k. k. Reichshaupt- und Residenzstadt* [...], Wien 1872.

49 Vgl. den Eintrag im Verzeichnis der Genossenschafts-Mitglieder der Baumeister: *Wiener Communal-Kalender und Städtisches Jahrbuch 1891*, Wien 1891, 4.

50 Vgl. Louis P. Lochner, *Fritz Kreisler*, Wien 1957, 9. (Die englische Originalausgabe erschien 1950 in New York.)

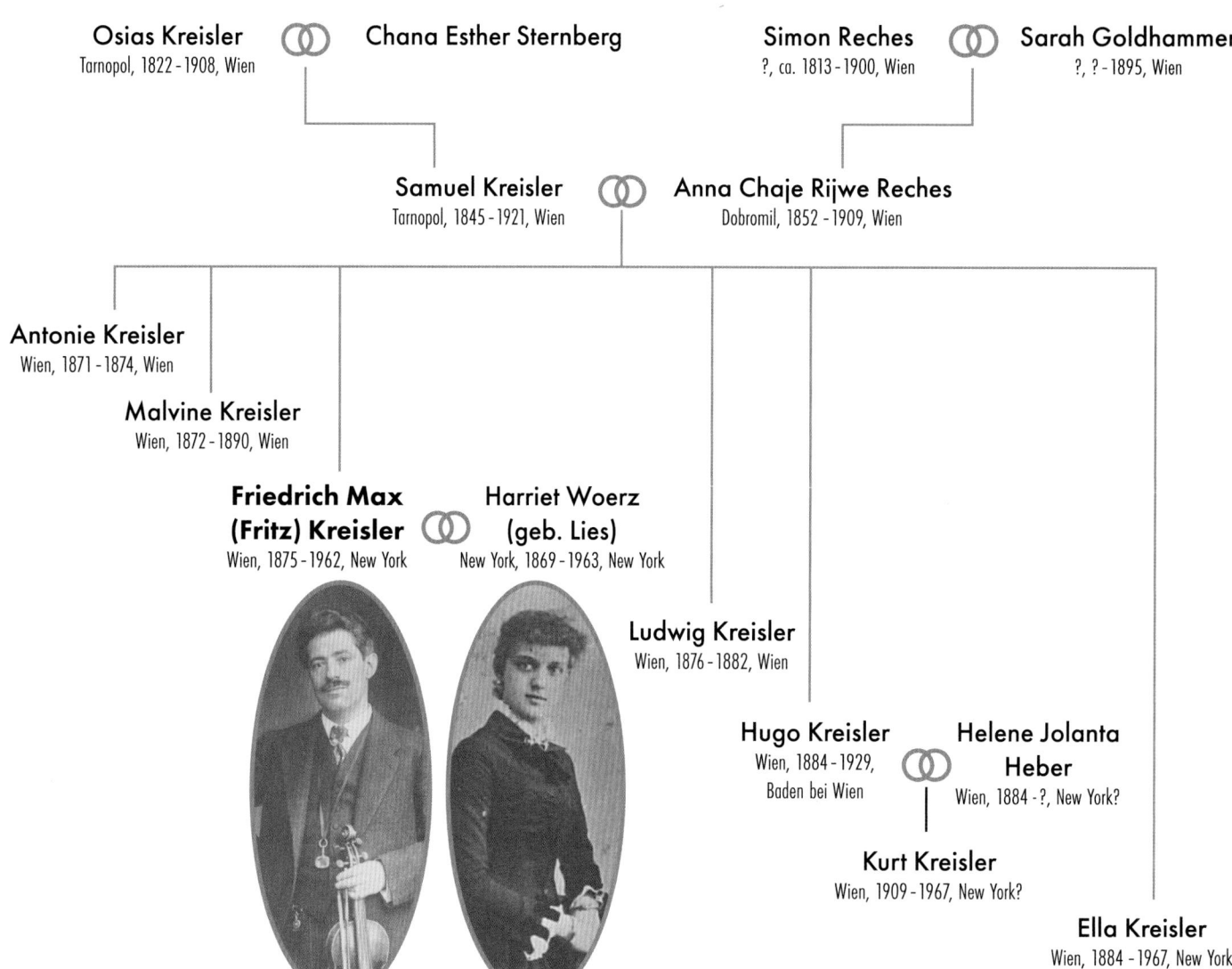

die Mutter bereits 1844 starb, folgte der Vater dem Sohn 1873 nach Wien. Er wohnte zunächst ebenfalls im 2. Gemeindebezirk (im Haus Leopoldgasse 6–8) und war als Bauunternehmer registriert.[51] Wenige Jahre später zog er allerdings nach Währing, dann nach Ottakring und kehrte nur zwischenzeitlich und schließlich kurz vor seinem Tod in den 2. Gemeindebezirk zurück.

Die Leopoldstadt war der räumliche Fixpunkt der Kreislers: Sie beherbergte Jüdinnen und Juden aus zahllosen Herkunftsländern und verschiedensten sozialen Schichten.[52] Die Familie blieb die längste Zeit in der später so genannten „Mazzesinsel" beheimatet, deren Bewohner:innen zur Hälfte jüdisch waren und die mit Kaffeehäusern, Theatern und Synagogen das dynamische Zentrum des jüdischen kulturellen und religiösen Lebens in Wien bildete. In den Jahren nach Kreislers Geburt entstanden in unmittelbarer Nähe zu seinem Wohnsitz verschiedene Tempel und Betsäle, aber auch jüdische Künstlertreffpunkte wie das Café Sperlhof mit seinem angeschlossenen Betraum. Das jüdische Leben der Leopoldstadt, in dem sich bürgerliche Netzwerke bildeten, lässt sich auch im Umfeld der Kreislers beobachten: Der Vater muss beispielsweise regelmäßig mit dem Komponisten Carl Goldmark und mit Sigmund Freud Schach gespielt haben (Samuel war Freuds Hausarzt, die Familien unterhielten eine freundschaftliche Beziehung).[53]

Widerstände

Die kurz umrissenen Elemente von Fritz Kreislers Herkunftsgeschichte verbinden seine Biografie mit zahlreichen anderen der Wiener Moderne und hätten ihn für die Nachwelt eindeutig als jüdischen Menschen galizischer Herkunft markiert.[54] Bemerkenswert erscheint allerdings, dass Kreisler trotzdem zeitlebens nie als Aushängeschild für und nur selten als Zielscheibe von Angriffen gegen jüdische Künstler:innen galt. Zwar wird er gelegentlich als Vertreter einer jüdischen Musikkultur der Moderne angesprochen. Doch ist es stets schwergefallen, Spuren einer jüdischen Identität in seiner künstlerischen Biografie nachzuweisen.[55]

Der ersten Lebensdarstellung des Geigers aus der Feder von Louis P. Lochner (1950), die vom Ehepaar Kreisler autorisiert wurde, gelingt es, die Wörter „Jude" oder „jüdisch" im Zusammenhang mit der Person des Künstlers kein einziges Mal zu erwähnen. Die Beschreibung enthält dadurch allerdings

---

51 Vgl. *Adolph Lehmann's allgemeiner Wohnungs-Anzeiger nebst Handels- und Gewerbe-Adreßbuch für die k. k. Reichshaupt- und Residenzstadt [...]*, Wien 1873.
52 Vgl. Michael John und Albert Lichtblau (Hg.), *Schmelztiegel Wien einst und jetzt. Zur Geschichte und Gegenwart von Zuwanderung und Minderheiten*, Wien u. a. 1989, 145–146.
53 Vgl. Sigmund Freud, *Briefe 1873–1939*, hg. von Ernst und Lucie Freud, Frankfurt am Main 1960, 190.
54 Die beiden folgenden Kapitel fußen auf Überlegungen in Matthias Schmidt, *Fritz Kreisler. Ein Theater der Erinnerung*, München 2022.
55 Vgl. Sander L. Gilman, „Einstein's Violin: Jews and the Performance of Identity", in: *Modern Judaism*, Nr. 3/2005, 219–236.

auch erhebliche blinde Flecken. Gerade im Hinblick auf das Jüdischsein Kreislers wird manches so planmäßig verändert oder verschwiegen, dass darin eine Art strategisches Muster erkennbar zu werden scheint. Dass Kreisler im 4. Wiener Gemeindebezirk aufgewachsen sei, „von Kindheit an im römisch-katholischen Glauben erzogen", dass er 1887 getauft worden sei und ab 1889 das Ordensgymnasium der Piaristen besucht habe, steht in Lochners Lebensbeschreibung und wurde sogar von der späteren Biografin Amy Biancolli, wohl nicht zuletzt aus Mangel an weiteren zugänglichen Quellen, teilweise übernommen.[56] (Kreislers gestalterische Eingriffe in die eigene Biografik – gerade hinsichtlich seiner Herkunft – werden von Biancolli durchaus kritisch, aber manchmal nicht ausdauernd genug diskutiert: So wird unter anderem weiterhin behauptet, Kreisler habe eine katholische Mutter gehabt.[57])

Was lässt sich aus diesem Befund schließen? Offenbar wollte Kreisler als Nichtjude gesehen werden, obwohl er Jude war. Dieses Spannungsverhältnis legt zwar zunächst nahe, sich eines pauschalen Urteils zu enthalten. Die Gründe für Kreislers Nähe und Ferne zum Judentum sollten gleichwohl benannt werden. Ob er bereits als junger Mensch Opfer antisemitischer Ausgrenzungen oder Anfeindungen wurde (die in seiner Umgebung zum Alltag gehört haben müssen), ist kaum mehr nachzuweisen. Aber die misstrauische Feindseligkeit bürgerlich-nationaler Kreise gegenüber jüdischen Virtuosen, die „von einer Hauptstadt zu anderen ras[en], [...] auf Salondampfern den Ozean" queren, die „zeitunglesende Großstadtmenschheit aller Erdteile" mit „Telegrammen, Bildern, Kritiken, Anekdoten, Notizen" bearbeiten und zur „händlerischen Amerikanisierung unserer alten Musikwelt" beitragen,[58] war allgegenwärtig. Tatsächlich waren Wien, Berlin, Paris, London und New York für Kreisler gleichermaßen Mittelpunkte seines Lebens und seines Karriereweges. Als Prototyp eines urbanen, weltgewandten Künstlers befand sich der Geiger nicht nur im Zentrum des globalen Interesses, sondern immer auch im Fadenkreuz antisemitischer Kritik. Solche Erfahrungen oder die Furcht vor ihnen mögen Kreisler zu einer größtmöglichen Anpassung an die (von ihm vermuteten) Bedürfnisse der nicht jüdischen Mehrheitsgesellschaft bewogen haben. Gewiss spielte dabei auch die Verbindung mit seiner Ehefrau Harriet, die er 1902 geheiratet hatte, eine bedeutende Rolle. Als seine Managerin ließ Harriet Fragen nach der Zugehörigkeit zum Judentum offenbar gar nicht erst aufkommen. Die wenigen überlieferten Zeugnisse zu ihr müssen nicht dazu veranlassen, sie pauschal als Antisemitin zu verurteilen. Aber sie war eine Geschäftsfrau, die die Wirkung ihres Mannes in der Öffentlichkeit so weitgehend zu beeinflussen suchte, dass sie auch eine (vermeintlich imageschädigende) Verbindung zum Judentum beseitigen wollte. Tatsächlich wurde Kreislers jüdische Herkunft in der Presse der 1920er-Jahre nur äußerst selten erwähnt.[59] In den mittleren 1930er-Jahren, als die Kreislers ihren Hauptwohnsitz weiterhin in Berlin behielten,

---

56 Vgl. Lochner 1957, wie Anm. 50, 34–35; Amy Biancolli, *Fritz Kreisler. Love's Sorrow, Love's Joy*, Portland 1998, 45, 338.
57 Vgl. Biancolli 1998, wie Anm. 56, 183.
58 Hans Joachim Moser, *Geschichte der deutschen Musik*, Bd. 2,2, Berlin 1920, 490.
59 Vgl. N. N., „Musiker", in: *Central-Verein-Zeitung*, 9. 11. 1922, 318. (Bei dieser Publikation handelte es sich um eine der bedeutendsten jüdischen Wochenzeitungen im deutschen Sprachraum.)

hoffte Harriet noch darauf, die Nationalsozialist:innen würden aus ihrem Ehemann einen „Arier ehrenhalber" machen,[60] ohne dass er damit in der übrigen westlichen Welt an Ansehen verlieren würde.

Kreisler stellte 1933 erst nach längerem Zögern seine Auftritte in NS-Deutschland ein und wurde daher zunächst auch der „Nazi-Anbiederung"[61] geziehen – als ein Jude, der aus dem „Wiener Ghetto" stamme und zu einer Person ohne jedes „Gefühl für Würde" geworden sei[62]. Erst die weiteren politischen Entwicklungen zwangen den Geiger schließlich zu einer Entscheidung. Es war eine Entscheidung, bei der er vermutlich gewärtigte, wie stark ihm der Verlust an Zustimmung aus Österreich, England und den USA schaden würde. Anfang Juli 1933 verkündete Kreisler, dass er so lange nicht in Deutschland auftreten werde, bis bewiesen sei, dass Künstler:innen aufgrund ihrer „Abstammung", ihrer „Religion" und ihrer „Nationalität" nicht verfolgt würden.[63] Gewiss waren mit dieser Entscheidung auch wirtschaftliche Einbußen für ihn verbunden, da nun der wichtige deutsche Markt wegfiel. Doch sie verstärkte seine Popularität im Rest der Welt. Und zumindest Kreislers Kompositionen wurden weiterhin in Deutschland gedruckt und verkauft, was sein widersprüchlich erscheinendes Verhältnis zum Deutschen Reich noch einmal eindringlich beleuchtet: Kreisler erhielt auch nach 1933 Tantiemenzahlungen aus dem Verkauf seiner Werke, die beim Schott-Verlag in Mainz erschienen – offenbar ungefähr 8.000, später auch weit über 10.000 Reichsmark jährlich.[64]

Festzustellen ist jedenfalls, dass Kreisler der Umgang mit politischen Bekenntnissen schwerfiel und er zu öffentlichen Abgrenzungen wie der gegenüber dem NS-Regime nachgerade genötigt werden musste. So aber wurde er nun vermehrt (im Positiven wie im Negativen) in die Nähe jenes Jüdischen gerückt, das er jahrzehntelang aus der Berichterstattung über sich hatte heraushalten können. Zwar verfolgte er auch weiterhin das Ziel, diese Nähe so wenig spürbar werden zu lassen wie möglich. Doch Kreislers nunmehr eindeutige politische Haltung wurde zumindest von außen als Bekenntnis zum Judentum wahrgenommen. So warb im Dezember 1934 die Wiener *Gerechtigkeit* mit Kreisler: „Wir drucken in jeder Nummer in Fortsetzungen die Namen und das Lebenswerk unserer jüdischen Mitmenschen, die sich auf den verschiedenen Gebieten des menschlichen Schaffens und Wirkens ausgezeichnet haben, ab. Wir tun dies, um den Irrsinn der Lehre von der Minderwertigkeit der jüdischen Rasse zu beweisen."[65]

---

60 Vgl. Dennis Rooney, „Instinctive partnership", in: *Strad*, Nr. 1161/1987, 31.

61 N. N., „Korrespondenz der Redaktion", in: *Der Morgen. Wiener Montagblatt*, 18. 4. 1933, 15.

62 N. N., „Virtuosen der Schande", in: *Die neue Welt*, 14. 4. 1933, 3.

63 Vgl. hierzu Lochner 1957, wie Anm. 50, 228.

64 Vgl. Albrecht Dümling, „Fritz Kreisler und der NS-Staat", in: *mr-Mitteilungen*, Nr. 100/2020, 3–24, hier 15.

65 N. N., „Was sie für die Menschheit leisteten …", in: *Gerechtigkeit*, 6. 12. 1934, 4.

Klischee und Wirklichkeit

Die Wirklichkeit holte Kreisler in seinen Versuchen einer Selbstdarstellung ohne das Judentum notgedrungen immer wieder ein. So wurde sein jüdischer Hintergrund 1935 auf eher überraschende Weise in der Öffentlichkeit zum Thema. In jenem Jahr wies der New Yorker Musikkritiker Olin Downes, bestärkt durch eigene Nachforschungen, auf den Umstand hin, dass Kreislers *Klassische Manuskripte*, ein Sammelwerk äußerst erfolgreicher kurzer Stücke, die angeblich Bearbeitungen von Komponisten vor allem des 18. Jahrhunderts darstellen sollten, in Wahrheit weitestgehend eigene Kompositionen des Geigers waren.[66] Bis auf einige kritische Bemerkungen von Ernest Newman (der Kreisler eigentlich verehrte) in der Londoner *Times* wurde die vermeintliche jahrzehntelange Täuschung des Publikums mit gelassener Milde aufgenommen: Entweder erkannte man die Berechtigung von Kreislers Verhalten an oder erklärte den Umgang mit den *Manuskripten* sogar zu einer bereits allseits bekannten Tatsache.[67]

Die nationalsozialistische Propaganda erblickte in der Geschichte um die *Manuskripte* eine Möglichkeit, Kreisler, der sich öffentlich von Deutschland abgewendet hatte, in ein schlechtes Licht zu rücken. Im März 1935 erschien in der Zeitschrift *Die Musik* ein Artikel, der ihm ganz im Sinne antisemitischer Klischees vorwarf, „systematische [...] Täuschung" betrieben und sein Publikum aus „Gewinnsucht" arglistig „hinters Licht" geführt zu haben. Wegen der im Weltkrieg bewiesenen „achtunggebietende[n] Gesinnung" Kreislers falle der Angriff nicht noch schärfer aus, „[a]ber sollte in diesem Falle nicht doch ein rassisch bedingter innerer Bruch vorliegen?"[68] Zum ersten Mal wurde Kreisler hier vom NS-Apparat ausdrücklich als Jude aus rassistischen Gründen denunziert. Im selben Jahr erschien er in der 38. Auflage von Theodor Fritschs *Handbuch der Judenfrage* auf einer Liste, die jüdische Künstler:innen anprangern wollte.[69]

Anfang 1935 fanden sich in der Presse sogar Gerüchte um Beschlagnahmungen von Kreislers Besitz in Berlin. Der Geiger war gerade ungewohnterweise ohne seine Frau auf einer Tournee durch England und die Niederlande unterwegs. Er reagierte noch im Januar in London und machte auf seine Situation aufmerksam: mit einem so nie zuvor und auch niemals später wieder zu findenden Bekenntnis zum Judentum. Er habe sich als Jude geweigert, in Deutschland aufzutreten, seit die Nationalsozialist:innen begonnen hätten, andere Jüdinnen und Juden zu verfolgen, bemerkte er. Damit laufe er Gefahr, sein Haus in Berlin sowie seine wertvolle Bibliothek zu verlieren. Es drohe ihm, bereits das dritte Mal seiner Lebensgrundlage beraubt zu werden: zuerst durch den Krieg, als er schwer verletzt worden sei, dann durch die Folgen des wirtschaftlichen Zusammenbruchs in Amerika um 1930 und nun

---

66 Vgl. N. N. [Olin Downes], „Kreisler Reveals 'Classics' as Own; Fooled Music Critics for 30 Years", in: *New York Times*, 8. 2. 1935, 1; Lochner 1957, wie Anm. 50, 240.

67 Vgl. N. N., „Kreisler's secret kept by musicians", in: *New York Times*, 9. 2. 1935, 17.

68 N. N., „Unsere Meinung: Fritz Kreislers Arglist", in: *Die Musik*, Nr. 6/1935, 460.

69 Vgl. Hans Költzsch, „Das Judentum in der Musik", in: Theodor Fritsch (Hg.), *Handbuch der Judenfrage. Die wichtigsten Tatsachen zur Beurteilung des jüdischen Volkes*, 38. Auflage, Leipzig 1935, 313–327, hier 323.

durch die in Aussicht stehenden Maßnahmen der deutschen Regierung. Wenig später berichteten holländische Zeitungen vom Interview.[70] Darauf bezieht sich vermutlich auch die Erinnerung von Kreislers seinerzeitigem Klavierbegleiter Franz Rupp, der in einem späteren Gespräch betonte, Kreisler habe in dieser Zeit erstmals in Amsterdam öffentlich und bewusst als Jude gegen die Behandlung durch den NS-Staat protestiert. Bereits am Tag darauf allerdings habe Harriet darauf bestanden, dass Kreisler ein öffentliches Statement abgebe, welches die Bedingungen in Deutschland deutlich positiver darstellte.[71] Und in der Tat: Wenig später berichtete der renommierte *Telegraaf*, dass die Gerüchte, wonach Kreislers deutsches Vermögen von den Behörden beschlagnahmt worden sei, haltlos seien.[72] In Amsterdam, wo die Hintergründe der Verunglimpfung und Bedrohung Kreislers bereits bekannt waren, wurde der Geiger bei seinem Konzertauftritt ungeachtet dessen mit Standing Ovations geehrt.[73]

Schon lange zuvor deutete manches darauf hin, dass Kreisler es darauf angelegt haben könnte, jeden Hinweis auf vermeintlich Jüdisches auch in seiner künstlerischen Erscheinung zu vermeiden: Mit ihm wird gemeinhin ein besonders seelenvolles Geigenspiel verbunden; seine Kompositionen und seine Art, Musik aufzuführen, erweisen sich ganz ohrenfällig in Wien verwurzelt. Damit bildete der breitenwirksame Eindruck von Kreisler jedenfalls das genaue Gegenteil jener antisemitischen Klischees, die seit Richard Wagners berüchtigtem Pamphlet *Das Judenthum in der Musik* auf jüdische Konzertmusiker:innen bezogen wurden: eine auf brillante Effekte hin berechnete kalte Virtuosität, eine entwurzelte nationale Identität und eine ausgeprägte materielle Gier. Dem nationalsozialistischen Stereotyp des kühlen, brillanten Technikers entsprachen viel eher die jüdischen Geiger Joseph Joachim und Jascha Heifetz, die folgerecht als verstandesgelenkte oder von technischem Eifer geleitete Virtuosen verleumdet wurden. Der Versuch der nationalsozialistischen Politik, Kreisler mit der Verbreitung solcher Vorurteile als Künstler „im Strom von Fäule und Zersetzung"[74] zu denunzieren, traf also in den 1930er-Jahren auf ein völlig entgegengesetztes Bild des Geigers in der Öffentlichkeit. Kritiker:innen und Publikum waren sich einig, Kreislers Klang sei der Inbegriff von Wärme, gesanglicher Melodik und Ausdrucksintensität. Zudem wurde er als überaus noble und zurückhaltende Erscheinung wahrgenommen, war Weltkriegsteilnehmer und galt als fürsorglicher Mäzen, was allen mühsam konstruierten Zerrbildern von geldgierigen und hinterlistigen Juden widersprach. Dass sein Markenzeichen ein oftmals als besonders innig beschriebenes Spiel war, lag jedenfalls wohl kaum nur an seiner Verehrung für die (übrigens katholischen) Geigenvirtuosen Pablo de Sarasate und Eugène Ysaÿe. Möglicherweise stand hinter Kreislers Auftreten im Geiste eines Antivirtuosentums[75]

70 N. N., „Fritz Kreisler naar Duitsland", in: *De Tribune*, 2. 2. 1935, 3; N. N., „Fritz Kreisler in Londen", in: *Limburger koerier*, 30. 1. 1935, 1.
71 Vgl. Franz Rupp, Interview mit Louis P. Lochner vom 12. 4. 1949, unpubliziertes Typoskript, Music Division, Library of Congress, Washington, D. C. (Fritz Kreisler Collection), Box 19, Folder 11.
72 Vgl. N. N., „Fritz Kreisler de Meester", in: *De Telegraaf*, 2. 2. 1935, 3.
73 Vgl. L. v. S., „Fritz Kreisler speelt", in: *Algemeen Handelsblad*, 14. 3. 1935, 7.
74 Fritsch 1935, wie Anm. 69, 305, 307–308.
75 Vgl. Daniel Jütte, „Juden als Virtuosen. Eine Studie zur Sozialgeschichte der Musik sowie zur Wirkmächtigkeit einer Denkfigur des 19. Jahrhunderts", in: *Archiv für Musikwissenschaft*, Nr. 2/2009, 127–154.

der Wunsch nach Anpassung an eine betont „deutsche" Musikauffassung. Fest steht jedenfalls, dass Judenfeinde wenig Handhabe gegen einen Künstler hatten, dem die herkömmliche ideologische Angriffsfläche völlig abging.

Adolf Hitler liebte Kreislers Geigenspiel,[76] und es ist kein Zufall, dass der NS-Apparat Kreisler trotz der Gerüchte um seine jüdische Herkunft anfangs für die eigene Kulturpropaganda gewinnen wollte. Genauso wenig zufällig ist es, dass Harriet Kreisler bis weit in die 1930er-Jahre hinein mit ihrem Mann das Geschäftsmodell eines urdeutschen Künstlers verbreiten konnte, der „keinen Tropfen jüdischen Blutes" in sich habe.[77] Tatsächlich wurde bis zuletzt sogar ein gewisses Wohlwollen der NS-Regierung gegenüber Kreisler aufrechterhalten, der wiederum bis zu seiner endgültigen Emigration auch noch an seinem Berliner Wohnsitz festhielt. 1939 wurde unter anderem aus steuerlichen Gründen angeordnet, Kreisler als „Volljuden", dann aber aufgrund „des persönlichen Verhaltens" (vermutlich erneut wegen seines Einsatzes im Weltkrieg) nur als „Halbjude[n]" zu führen.[78] Dass seine Werke weiterhin gedruckt und verkauft werden konnten, macht die Angelegenheit kaum einfacher erklärbar.

Nachgeschichte

Das Misstrauen gegen das beunruhigend Vielseitige, schillernd Ungreifbare der Figur Kreisler und die Vorwürfe gegenüber seinem angeblichen wurzellosen Kosmopolitismus hat der Geiger selbst gewiss registriert. Und er hat vielleicht auch aus diesem Grund die Migrationsgeschichte seiner jüdischen Familie von der Öffentlichkeit ferngehalten. Ob Kreisler aber zu seinem Judentum stehen mochte oder nicht: Die geschichtliche Entwicklung hat eindeutige Signale gesetzt, indem ein verbrecherisches politisches System den Geiger mit existenzieller Auswirkung zum Juden erklärte und damit seine antisemitisch motivierte Markierung als Jude beförderte. Während Künstler wie etwa Kreislers Jugendfreund Arnold Schönberg sich nach ihrer erzwungenen Flucht aus Deutschland gründlich neu ausrichteten, ihre früher verloren gegebene Beziehung zum Judentum wiederentdeckten und den neuen Machthabern auch mit ausdrücklich politischen Aktionen trotzten, suchte der Virtuose nach einem weitestmöglich stillen und konfliktarmen Auskommen mit den Gegnern wider Willen. Es scheint, als sei Kreisler hin- und hergerissen gewesen zwischen einer fortwährenden Bereitschaft zur unbedingten Assimilation, die das jüdische Wiener Bürgertum über Jahrzehnte hinweg erfolgreich gepflegt hatte, und der Abwehr einer lebensbedrohlichen Rassenpolitik des NS-Regimes, die „den Juden" selbst beim Ablegen aller äußeren Zeichen ihrer Kultur nie zugestand, sich „innerlich" gänzlich anpassen zu können.[79]

76 Vgl. Ernst Hanfstaengl, *Zwischen Weißem und Braunem Haus. Erinnerungen eines politischen Außenseiters*, München 1970, 303.
77 Vgl. Rooney 1987, wie Anm. 60, 32.
78 Vgl. dazu ausführlicher Dümling 2020, wie Anm. 64, 16–17.
79 Vgl. Steven E. Aschheim, „'The Jew Within'. The Myth of 'Judaization' in Germany", in: Jehuda Reinharz und Walter Schatzberg (Hg.), *The Jewish Response to German Culture. From the Enlightenment to the Second World War*, Hanover 1985, 212–241.

Die Szenerie auf der anfangs gezeigten „Correspondenz-Karte" Salomon Aubers aus Sędziszów Małopolski war um 1900 noch Alltag, auch wenn die Spannungen zwischen den Nationalitäten in Galizien, zwischen Pol:innen und Ukrainer:innen beziehungsweise Ruthen:innen, zunahmen. Bedroht waren Jüdinnen und Juden hier nicht nur durch soziales Elend, sondern auch durch die Gefahr von Pogromen, wie sie im nahen Russland bereits an der Tagesordnung waren. Was in den folgenden Jahrzehnten geschah, zeigt sie als Leidtragende einer gescheiterten und verhängnisvollen Minderheitenpolitik, die in den unausdenklichen Verheerungen der NS-Okkupation gipfelte. Im Frühsommer 1942 wurde in Sędziszów ein Ghetto für fast 2.000 Menschen eingerichtet, in dem die jüdischen Menschen aus Dörfern und Städten der Region konzentriert wurden. Mehrere Hundert wurden ermordet, das Ghetto Ende Juli aufgelöst. Nach einer Zwischenstation in Ropczyce wurden die am Leben Gebliebenen mit dem Zug ins Vernichtungslager Belzec gebracht und getötet.[80] In ganz Galizien wurden in den folgenden Jahren Hunderttausende Jüdinnen und Juden ermordet. Die Überlebenden verstreuten sich über die ganze Welt.

Fritz Kreisler, seine Schwester Ella, ihre Schwägerin Helene und deren Sohn Kurt konnten sich retten. Die drei Letztgenannten kamen im Oktober 1938 gemeinsam auf der „Empress of Britain" im kanadischen Quebec an. Alle drei gaben als Staatenlose bei der Einreise unter „Race/Nationality" „Hebrew" an.[81] Zehn Tage später erreichten sie New York, wo Fritz, ihr Bruder, Schwager beziehungsweise Onkel, lebte. Die Spuren der Familien Auber und Kreisler in der einstmals so lebendigen und vielfältigen Herkunftsregion Galizien sind unwiederbringlich ausgelöscht.

Kreisler selbst ist den Akten der Israelitischen Kultusgemeinde Wien zufolge aber nie aus dem Judentum ausgetreten. Noch 1938, kurz bevor er das letzte Mal in Europa war, bestätigte er seine Verbindung zur Israelitischen Kultusgemeinde, als ihm eine Geburtsurkunde ausgestellt wurde.[82] Nach Ende des Zweiten Weltkriegs hat sich der über 70-jährige Kreisler gemeinsam mit seiner protestantischen Frau zum katholischen Glauben bekannt:[83] wie eine Zeitung berichtete, durch den Empfang der heiligen Kommunion nach zweimonatiger Instruktion durch Monsignore Fulton J. Sheen, einen US-Bischof, der in jener Zeit zugleich eine einflussreiche Medienpersönlichkeit des amerikanischen Katholizismus war. Harriet versicherte bei dieser Gelegenheit, dass beide aus rein katholischen Elternhäusern stammten und nun in die römisch-katholische Glaubensgemeinschaft „zurückgekehrt" seien – von der für eine Konversion eigentlich notwendigen Taufe allerdings ist nicht die Rede.[84]

---

80 Vgl. *Encyclopedia of Jewish Communities*, wie Anm. 35.
81 Vgl. *Manifests of Passengers Arriving at St. Albans, VT, District through Canadian Pacific and Atlantic Ports, 1895–1954; Records of the Immigration and Naturalization Service, 1787–2004*, The National Archives, Washington, D. C., Record Number 85, Series Number M1464, Roll Number 604, online einzusehen auf https://ancestry.com.
82 Vgl. Oliver Rathkolb, „Friedrich ‚Fritz' Max Kreisler. Vom Reserveoffizier zum Chronisten des totalen Krieges 1914", in: Fritz Kreisler, *Trotz des Tosens der Kanone. Frontbericht eines Virtuosen*, hg. von Clemens Hellsberg und Oliver Rathkolb, Wien 2015, 20–27, hier 21.
83 Vgl. ebd., 20–21.
84 Vgl. N. N., „Sheen aids Kreisler to return to church", in: *New York Times*, 1. 4. 1947, 29.

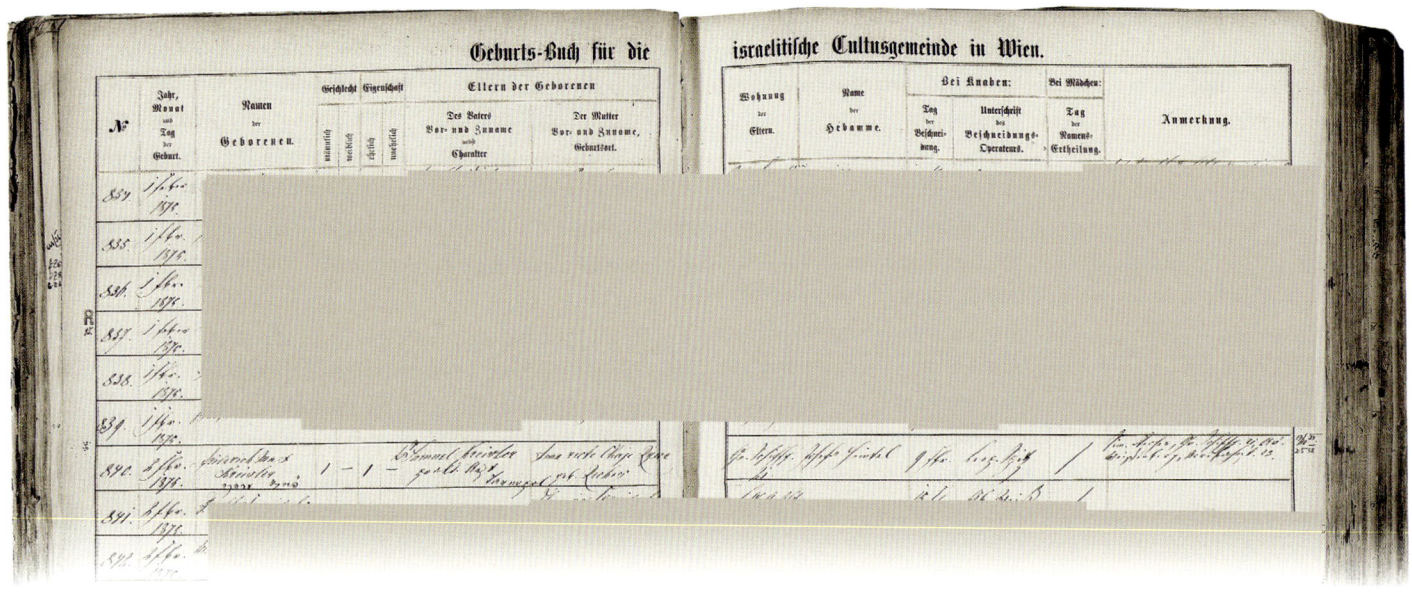

Geburts- und Trauungsbuch für die Israelitische Kultusgemeinde in Wien, Familie Kreisler betreffend © IKG

Fotokopie eines Reskripts mit vorgedrucktem Ablassantrag und päpstlichem Siegel von Papst Pius XII. für Fritz und Harriet Kreisler, 15. 11. 1948 © A-Weaz

Amy Biancolli

'BELOVED' FRITZ – THE FAME OF KREISLER

No single event in the long life and career of Friedrich "Fritz" Kreisler better illustrates his place in the pantheon of twentieth-century artists than the moment, at 12:15 p.m. on April 26, 1941, when he stepped off the curb at a busy intersection in midtown Manhattan and nearly lost his life.

Kreisler had been standing at the corner of East 57th Street and Madison Avenue. A noontime crowd bustled around him. He was waiting for the light to change when, without thinking, he set foot in the street prematurely and was slammed to the ground by an egg-delivery truck. Instantly, passersby ran to the aid of the concussed older gentleman, supporting his body, cradling his head, wiping the blood from his face. After scrambling through his pockets, they identified him – and the clutch of strangers that had gathered around the incident spot in midtown Manhattan fell into genuine mourning.

Kreisler!

The driver of the truck, stricken, wept when he heard the news. "I'll give anything I've got," he said, "to see that this man lives."[85]

The next day, accounts of the accident sprawled over New York City's newspapers and beyond, hitting the front page on more than 120 publications across the United States alone.

The *New York Times* published news of the accident and Kreisler's wounds – broken skull, internal injuries – on its front page. "Beloved Fritz Kreisler," blared the Sunday *Daily News* in a two-page spread of graphic photos showing the injured, bloodied Kreisler and the huddle of attentive passersby.

In the days that followed, coverage continued, with papers around the country and the world devoting front-page real estate to news of Kreisler's accident and updates on his month-long coma – an astonishing use of prime newsprint as the United States inched toward joining the Allies in World War II. "Nazis warn U.S. ships from war zone," screamed a massive banner headline across the top of Alaska's *Fairbanks Daily News Miner* on Wednesday, April 30. The photo to the left, just below it? A reprint of Kreisler's crumpled body in Manhattan.

Looking at such coverage more than eight decades later, the takeaway is as startling as it is touching: Fritz Kreisler wasn't simply admired for his virtuosity as a performer and accomplishments as a composer. He wasn't merely acclaimed and successful. He was *known*. He was *loved*. And not only by what we might, these days, refer to as "aficionados" of classical music. He was adored by nearly everybody – a democratic cross section of listeners of every background, from

---

85 Quoted in David Charnay and Gerald Duncan, "Fritz Kreisler Hit by Truck, Gravely Hurt", in: *New York Sunday News*, 27. 4. 1941, 4.

the photographer who snapped the accident-scene photos to the distraught Bronx egg dealer who struck him. The strangers who attended to him so carefully, so tenderly, that day had grown up with stacks of his 78s in their parents' living room, and he still mattered to them. Deeply.

To find a twenty-first-century equivalent, we have to rack our brains. Among living virtuosi in the classical realm, Yo-Yo Ma comes closest to Kreisler in the ubiquity of his cultural presence and the democracy of his appeal; he is also widely loved, as much for his humanitarian works and much-vaunted decency as for the warmth and poetry of his music. But does the FedEx driver rambling through midtown Manhattan right now own his recordings and listen to them regularly? Would he recognize Ma at the nearby bodega on the corner? Maybe. Music reaches people in ways that we can't know.

But culture has changed; in the decades since that accident, the nature of celebrity itself has changed, fueled by obsessive marketing and based on paradoxically stringent classifications of "popular" and "serious" art forms. Kreisler lived and died long before the days of social media and public-relations stunts, of carefully crafted public images and the digital-age influencers behind them. Even when he told tall tales – more on that later – nothing about Kreisler seemed staged, and nothing felt more authentic than his music. When he lifted the fiddle and pulled notes into the air, he spoke to people, the violin in his hands (most famously, the Guarnerius del Gesù) becoming an instrument of open communication. He wasn't lofty or distant. He was present, and intimate, and real.

"Whenever he played, I always felt that he was playing the concert for me," remarked the violinist and pedagogue Josef Gingold a few years before his death. "It was such a personal thing. He communicated himself so gorgeously."[86]

Kreisler was accessible. He was charming. His programs included not just the All-Hallowed Great Works of the classical canon but beloved folk songs like *Londonderry Air*, which he enjoyed playing and the audience enjoyed hearing. He was also relatable, never prioritizing whiz-bang technicality over intimate phrasing and sentiment; aghast at the obsessively flawless sheen that seized violin artistry after the arrival of Jascha Heifetz, Kreisler felt that such perfectionism did not serve the music, and he cautioned against its pursuit when lending advice to up-and-coming colleagues. He also remarked on the need to take breaks – a radical thought! – as a path toward true, unhurried musicality. In a conversation with Samuel and Sada Applebaum for their 1955 book *With the Artists: World Famed String Players Discuss Their Art*, Kreisler urged young violinists to drop their idée fixe about technique and tempi and instead "know Nature," spending time in nature for the benefit of themselves and their music.[87]

As a young man and as an older one, he heeded his own advice. Stories abound of Kreisler taking breaks from the fiddle, even months at a time, believing such downtime to be palliative and productive in other ways. Never one to warm up much before a performance, he would zip over to the venue after dinner and a beer with friends, then pop open his case and grab his instrument and bow – which he almost

---

86 Josef Gingold, interview by Amy Biancolli, 13. 7. 1992. (Interviews cited here and elsewhere in this article were first published in Amy Biancolli, *Fritz Kreisler: Love's Sorrow, Love's Joy*, Portland 1998.)

87 Samuel and Sada Applebaum, *The Way They Play*, book I, *Illustrated Discussions with Famous Artists and Teachers*, Neptune City 1972, 99.

never loosened – before heading out onstage. This was his Standard Operating Procedure. During World War II, when performers in the United States adopted the practice of opening each concert with the national anthem, Kreisler used it as an occasion to warm up, sometimes veering so widely from the melody that audience members failed to recognize it.[88] At other times, getting lost in the middle of a piece, he would improvise in some suitable idiom (Classical, Baroque, Romantic) until he found his way back. Among all of his accompanists, the pianist Carl Lamson was the most adept in response to such extemporaneous rambles, playing in sync and in style for as long as necessary.[89]

Audiences came to expect this spontaneous creativity on Kreisler's part – enjoy it, even, assuming they noticed it at all. His ability and openness to improvisation was, indeed, one of his charms. As the violinist David Sackson recalled: "At a Kreisler concert, three things would happen. He would play out of tune, he'd have a memory lapse – and he'd play so gorgeously that you'd forget about everything."[90] Added the cellist George Neikrug: "The thing is, when he missed something, nobody cared because the whole audience loved him, and they came to get musical thrills from him."[91]

This may be, for twenty-first century classical musicians and music lovers alike, the single most hard-to-comprehend aspect of Fritz Kreisler's musicianship and popularity – especially now, in an age when classical performance equates with note-for-note flawlessness and fixed interpretations. The idea of a vaunted global superstar with a habit of being fallible, getting lost, and rewriting revered musical scripture might seem bizarre, even outrageous.

But Kreisler's own perfect imperfectionism is central to understanding both the man's fame and his framing in musical history: he arrived at a time when such mechanistic fastidiousness wasn't required from classical performers. Throughout the history of violin performance, the fixation on – and expectation of – high-gloss virtuosity has cycled in and out, and along with it have conceptions of artistry. Nicolò Paganini's blazing genius had left a long and lingering mark following his death in 1840, but his command of the violin had always seemed superhuman and unattainable; decades later, Kreisler advanced a conception of artistry that seemed just as equally human and attainable.

Consider his most influential advancement of technique: his use of a continuously sustained vibrato.[92] At the time, some violinists used it sparingly, particularly those in the German school; some, including Eugène Ysaÿe, used it with great nuance and varied phrasings. Musical historians might disagree on its exact evolutionary course, as well as Kreisler's exact

---

88   Gingold, 1992.
89   Oscar Shumsky, interview by Amy Biancolli, 16. 9. 1992.
90   David Sackson, interview by Amy Biancolli, 16. 9. 1992.
91   George Neikrug, interview by Amy Biancolli, 19. 8. 1992.
92   The Kreisler vibrato is discussed in Carl Flesch, *The Art of Violin Playing*, vol. 2, *Artistic Realization & Instruction*, trans. by Frederick H. Martins, New York 1930.

contribution, but there is no question he deployed the vibrato with a rapidity, ubiquity, and emotional heft unheard before him – and there's no question he popularized its practice around the globe, normalizing the expressive finger wiggle for successive generations. His gift for vibrato lent a personal intensity to his playing, connecting with listeners at a gut level. What mattered to those listeners – whether ticket holders crammed into a concert hall or colleagues admiring from the wings – was not the technical aspect itself but the underpinning, overarching, utterly reachable musicality of his tone and the depth. Ultimately, Fritz Kreisler was adored by audiences because he embodied humanity. He felt familiar; he felt present; and, yes, at times he was even flawed.

⊙⊙⊙

To understand this a little better, to put "Beloved Fritz Kreisler" in the context of the era, we must cast aside our current, restrictive notions of "classical" or "serious" music. Certainly, Kreisler performed among the most challenging and celebrated works for solo violin and violin with orchestra, traveling the world for decades with the Brahms, the Beethoven, the Mendelssohn, the Tchaikovsky, the Bruch – and, of course, the Elgar, which was composed for him and premiered in London in 1910.

But at the same time, he undeniably was also a pop star. In the early twentieth century, he and tenor Enrico Caruso emerged as history's first recording stars – each of them cranking out a stream of hits on 78 rpm records that fans dropped onto their Victrolas and played, and played, and played. The sounds that emerged were scratchy and short, but they brought recorded music into living rooms across countries and continents with an ease previously unthinkable. Both Kreisler and Caruso conveyed their art with an intimate, accessible and unpretentious romance, their voices heard by a wide cross section of music lovers. Indeed, *voice* was the word, for Kreisler's playing proved as distinctive and unique as Caruso's singing – and while the two friends never collaborated in the studio, the violinist did record numerous, notable tracks with the Irish tenor John McCormack. In a very real sense, Kreisler sang. There was no mistaking his sweet, singing trills at the fiddle for anyone else's.

Among the works that he recorded in those early years were art songs, folk songs, movements and snippets of the great works, and scads of his own compositions. These last recordings included some that bore his name and many that didn't, composed "in the style of" long-dead masters. First conceived as a young soloist trying to break into the concert scene, Kreisler wrote these pieces as a way to fill out his programs – attributing them to other composers because, well, he didn't want to seem too cocky in playing his own music. This is another piece of Kreisler's fame and personal story that may seem baffling today: *How* did anyone fall for such a ruse? *Why* didn't anyone notice that Kreisler's "Vivaldi" sounded suspiciously more Romantic than Baroque?

First: Because most average listeners back then weren't all that familiar with Vivaldi – this was before the composer's "rediscovery," strange as it sounds, around 1925. Nor were regular folk familiar with Pugnani, or Boccherini, or many other early-Classical and Baroque composers beyond the likes of Mozart, Haydn, Beethoven, or Bach. Many were rarely performed by the majority of musicians and barely recognized by listeners. That alone is baffling to contemplate.

Second: Because Kreisler was not yet a big name. No one was paying attention to him; if they were paying attention, no one much cared. Following his years as a child prodigy who toured Europe and the United States, he took a rest from the violin and attended medical school before dropping out and completing mandatory service in the Austrian army. After that, he failed an audition for the Vienna Court Opera. After *that*, in those last few years of the nineteenth century, he plunged as best he could into a solo career, piecing together his programs with whatever works had not yet been "claimed" by the likes of Eugène Ysaÿe – and fleshing them out with his own "fakes."

As he told Louis Biancolli in the June 1951 issue of *Etude* magazine, "To be a success in those days, you had to know how to make programs. The violinist's repertory was then very small [...]. That was why I resolved to create a repertory of my own. I then began to write music under the composers' names. I took the names of little-known composers like Pugnani and Louis Couperin, the grandfather of François Couperin. [...] Not for one moment did it enter my head to imitate them."[93]

Whenever anyone asked about the works' origins, he spun Kreislerian tales to explain them. In 1909, a writer for *The Musician* "persuaded him to satisfy my curiosity as to the origin of the works," and duly reported:

The violinist discovered a collection of manuscript music in the possession of the monks who inhabit one of the oldest monasteries in Europe, and so anxious was he to have them for his own that he copied one of the pieces on his shirt cuff. To this the monks objected, and eventually Mr. Kreisler, after much persuasion, succeeded in purchasing the whole collection for a considerable sum of money.[94]

Again, the fact that anyone believed such stories might confuse and amuse us today: Just how large were Kreisler's shirt cuffs, anyway? But in the dual context of Kreisler's era and his own particular fame, the veracity of his stories hardly mattered. Among media and music fans alike, the man's many epic accounts, fictitious or not, were just business as usual; this was just another reason to enjoy and even adore him. That action-packed account of playing the Chaconne at gunpoint for an American cowboy, back when Kreisler was a kid on tour? Brilliant in its melodrama and theatrical in its punch. That soap-operatic account of locking himself in a flat and growing a scraggly beard over a Parisian dame? So delightfully romantic! In all such tales, the truth was irrelevant. No one questioned them. No one *wanted* to question them. Why would they?

Had anyone asked, Kreisler might well have answered honestly. In 1910, he signed an exclusive recording contract with the Victor Phonograph Company.[95] In May of the same year, he confessed to authoring *Liebesleid* and *Liebesfreud*, which he

---

93 Louis Biancolli, "The Great Kreisler Hoax", in: *Etude*, June 1951, 18.
94 W. E. B., "Fritz Kreisler", in: *The Musician*, October 1909, 453.
95 Kreisler's contract and many recordings with Victor are described in Louis P. Lochner, *Fritz Kreisler*, New York 1950.

Fritz und Harriet Kreisler auf einem Schiff, ca. 1920–1925 © US-Wc

had earlier claimed were transcriptions of works by Joseph Lanner, an early nineteenth-century composer of Austrian dance music.[96] Remarkably, however, no one publicly questioned the authorship of any of Kreisler's other miraculously unearthed works, which he then proceeded to record and release for both Gramophone and Victor – attributing them to Pugnani, Couperin, Martini, Dittersdorf, Cartier, Boccherini.

He continued to record for the latter in the years that followed, producing that nonstop stream of hits interrupted only by his month-long frontline service at the start of World War I. After an injury at the hand of Cossacks that he described, in typically ever-evolving ways, in the years to come, Kreisler returned to the States in 1914 and was initially hailed for his courage and greeted as a hero. His first concert at Carnegie Hall after his injury earned raves; reports of women fainting burnished his image as a figure of dashing romance. In 1915, he released *Four Weeks in the Trenches*, a concise, plainspoken memoir of combat and all its many horrors.

As a first-person account of a conflict the United States had only observed from afar, the book was well received by American critics. The *New York Times* observed: "His tale is short and simple. [...] It has the merit of dealing with a portion of the great conflict of which practically nothing authentic has heretofore been published. It gives an interesting and illuminating account of the contempt with which the Austrians regarded the Cossacks after a few experiences of them, and shows quite as much enthusiasm for the war in Vienna as in other capitals."[97]

All of that changed when, in April of 1917, the U.S. entered the war. Overnight, Kreisler's fame morphed into infamy. His marriage to an American woman, Harriet Lies, did not matter to the editorial writers who lambasted him, the venues that canceled him, the "friends" who avoided him, and the once-adoring crowds who now protested loudly outside the shrinking number of concert halls where he was allowed to perform. Initially pushing back against this widespread demonization, he ultimately canceled all appearances for the duration of the war and focused his energies on finishing his first operetta (*Apple Blossoms*). But the end of the war did not bring an instant reprieve. Shortly thereafter, the *Christian Science Monitor* advocated placing Kreisler and his father, Samuel, in an internment camp;[98] about a year later, in Ithaca, New York, the American Legion cut off the power at one of his performances. Kreisler played, in total darkness, to shouts of "Hun! Hun!"[99]

As time passed, the public outrage calmed. Kreisler wound his way back to the concert stage and reclaimed the hearts of Americans and others around the world. In 1924, Fritz and Harriet moved to Berlin, settling in for a decade and a half as Kreisler toured Europe (and, in a bizarre turn of events, befriended the Mussolinis[100]) and his public image and popularity soared to new heights. On February 2, 1925, *Time* maga-

---

96   Ibid., 295–296.
97   "War and Music", in: *New York Times*, 25. 4. 1915, 23.
98   Quoted in "More Patriotic Agitation Against Alien Musicians", in: *Musical Courier*, 6. 12. 1917, 5.
99   "Crowd Hoots Kreisler and Cuts Off Lights", in: *New York Times*, 11. 12. 1919, 3.
100 Beverly Smith, "He Plays on the World's Heartstrings", in: *American Magazine*, February 1931, 66.

zine celebrated his fiftieth birthday by devoting a cover story to him, just one in numerous glowing stories that unfolded in the next several years. The press, as the saying goes, covered him like a blanket, reporting on every public appearance, twitch and turn in his career.

But coverage took another sudden turn when, in 1935, the truth about Kreisler's shirt-cuff "arrangements" finally blew wide open. It all happened innocently enough, when the *New York Times* critic Olin Downes cabled the violinist with a question concerning the Preludium and Allegro: Where was the Pugnani original? Kreisler wired back the truth: There wasn't any. He wrote it himself. For Kreisler, this was no big deal; in fact, just two months earlier, he had instructed his publisher to list the so-called *Classical Manuscripts* as Kreisler originals in the forthcoming 1935 Carl Fischer catalog, scant months away from publication.

But that revelation – and the further epiphany that Kreisler had written many additional pieces formerly attributed to seventeenth- and eighteenth-century composers – blazed across newspapers around the world. In the *Times*, the news was once again front page and above the fold: "Kreisler Reveals 'Classics' as Own; Fooled Music Critics for 30 Years,"[101] it blared, zeroing in on a cause for umbrage among certain members of the trade. Some were genuinely outraged – including the critic Ernest Newman, whose dismissive screed in London's *Sunday Times*[102] sparked an angry rejoinder from the violinist[103] and turned into a full-blown feud. Others were far less bothered by Kreisler's "hoax," claiming they had suspected the works' real authorship for years; many musicians winked and shrugged.

And audiences? Kreisler had just given them one more reason to love him. Barring the difficult years during and after World War I, he had always been a figure of nearly story-book romance. He was, after all, a skilled and natural storyteller in life as in music, always building narratives and tweaking the facts with his own fresh twists. This was all part of his appeal and a defining feature of his celebrity, something cultural observers nowadays might call his image or his brand. But for Kreisler, it was simply who he was – and as a young man hashing out a career in turn-of-the-century Vienna, crafting stories was simply part of the process. He hadn't set out to *deceive* people when he padded his programs with "discovered" works by long-gone composers. Trickery was never his aim.

Again, from the June 1951 issue of *Etude*:

> I could have done a better job of copying their style if I hadn't intended it. That wasn't my plan at all.
>
> I just wanted some pieces for myself ... and I wrote them. I gave them these names. I was 18 then and wanted to be a violinist, not a composer. I wanted to give recitals and I couldn't put several pieces on the program and sign them all 'Kreisler.' It would have looked arrogant.[104]

---

101 *Times*, 8. 2. 1935.
102 Ernest Newman, "The Kreisler Revelations. Debit and Credit", in: *Sunday Times*, 24. 2. 1935, 5.
103 Fritz Kreisler, "Mr Kreisler's Defence. He Replies to Mr. Newman", in: *Sunday Times*, 10. 3. 1935, 15.
104 Biancolli, "The Great Kreisler Hoax", 18.

Frtitz Kreisler bei der Probe der Radiosendung NBC's „Bell Telephone Hour"
mit dem Dirigenten Donald Voorhees, New York 6. 12. 1944 ©JM

This full account, told some sixteen years after the "fakes" bombshell, has a relaxed feeling to it, a patience and lilt reflective of a less-hurried time. It's told at a remove, with a hint of sadness. The teller of tales never stopped unspooling and editing his yarns, but as he did a wistfulness came over him – a sense that the world had changed around him, that something in the air was different.

And it had. It was.

⊙⊙⊙

Three years after the revelation of the "fakes," Fritz Kreisler was drafted as an officer by the Reich. Kreisler was already distressed by developments in Germany, already grappling with their implications both personal and profound – both as a stalwart believer in the suprapolitical power of art to overcome hatred and as a man who was, by almost all accounts except for Harriet's and his own, at least partly Jewish. While unpublished portions of Louis P. Lochner's 1950 biography noted that young Fritz was baptized in the Catholic Church at age twelve,[105] Kreisler's father was Jewish; his brother was Jewish; but the image he offered to the press was not. A major factor was his wife's antisemitism, which motivated much of Kreisler's behavior in this regard and even prompted the eventual retraction of his own searing criticism of Hitler to the Dutch press – described by the pianist Franz Rupp in unpublished portions of an interview with Lochner.[106] In another interview decades later, Rupp recalled seeing the Nazi flag in the Kreislers' Berlin home.[107]

But being drafted put the violinist in a dangerous existential bind, and in 1939, the couple fled Berlin – first for France, then the United States. Manhattan became their home for the rest of their lives, a locus for his music, his dog walks, and his ever-more aching reflections on changing times. In these later years, his remarks to the press were flecked with yearning for simpler, slower days: he bemoaned the uptick in tempi both musical and cultural. He grieved about changes in the world around him, which was always in motion, always unsatisfied with the status quo and moving onto the next thing. A disconnect between the fin de siècle violinist and the gleaming, jittery age of postwar capitalism became even more pronounced after his egg-truck collision in April of 1941 and the coma that followed. As he expressed to Olin Downes in 1942, "Is the thing true of an art in one age true of the same art in the next? I sometimes wonder, and it frightens me."[108]

Yet Kreisler's life and music were still ripe for public consumption. By no means had the accident put a damper on his celebrity: to the contrary, it had confirmed his status as an icon, and he kept on performing for several more years. But as the 1940s progressed, it was clear that something had

---

105 Louis P. Lochner, early manuscript of Fritz Kreisler, Music Division, Library of Congress, Washington, D. C. (Fritz Kreisler Collection).

106 Franz Rupp, interview by Louis P. Lochner, 12. 4. 1949, unpublished portions, Music Division, Library of Congress, Washington, D. C. (Fritz Kreisler Collection).

107 Franz Rupp, interview by David Sackson, January 1992.

108 Olin Downes, "Talk with Kreisler: Violinist Discusses His Early Days and Some Contemporary Problems", in: *New York Times*, 8. 11. 1942, X7.

Fritz und Harriet Kreisler, Kreislers 75. Geburtstag, New York 1950 © JM

changed – something beyond his grip on the music, something beyond the increasing cloudiness of his hearing, his sight, his intonation, and his bow arm. Some worried that his handlers were pushing him out onto the stage against his will; decades later, his great-nephew Frederic Kreisler described a passion for performing that the violinist only gave up reluctantly.[109] Whatever the motivation, Kreisler kept at it until 1950, and while he did, he quietly, gradually faded. Some of his later concerts earned accolades; in others, he struck listeners as tired.

The longtime critic Harold Schonberg, recalling a performance in the late 1940s, described a man long past his peak in a half-empty concert hall. Kreisler "was old, and he was having bowing problems, and he was out of tune. It was the only time in my life I heard him struggle with the fiddle."[110] Around the same time, Harriet herself – never one to mince words – gave a brutally frank assessment to Lochner. "He thinks he's still got to teach the world how to fiddle, but what he now plays is flat," she told him in one unpublished snippet.[111] Moreover, "Nobody should play beyond seventy at the latest. What was it that made Fritz what he was? It was a certain warmth, a certain something. I listened closely. That something is gone."

In 1950, just a month after being feted at the Ritz-Carlton on his seventy-fifth birthday, Kreisler gave the final performance of his career: an appearance on the *Bell Telephone Hour*, an NBC radio show broadcast from New York City. With very little fanfare, he was done.

◉◉◉

109 Frederic Kreisler, interview by Amy Biancolli, 9. 8. 1995.
110 Harold Schonberg, interview by Amy Biancolli, 18. 1. 1995.
111 Harriet Kreisler, interview by Louis P. Lochner, 5. 10. 1948, unpublished portions, Music Division, Library of Congress, Washington, D. C. (Fritz Kreisler Collection).

For Kreisler, the end of his life as a concertizing soloist marked the end of something else, too: his sense of bearing in the rapidly accelerating windstorms of mid-twentieth-century life. Always prone to getting lost in the music, now, it seemed, he had lost his place in the culture itself. The wistfulness that tinged his public comments following the accident only deepened. In a 1955 interview with Hope Stoddard for *International Musician*, he said:

> It is my opinion that science is having an evil influence on art. I think that life is confused by noises, by acceleration of everything. Everything is judged by how fast it can go, not where it is going. Planes, automobiles, men, everything goes too fast.[112]

Kreisler lived seven more years. In that final stretch, his public appearances became less frequent, and his remarks, when he made them, even more wistful. He seemed to comprehend that an age of innocence had passed – that a relaxed, unhurried norm of friendship, comity, and cooperation was now behind him. The man from Vienna had never been a "look at me" celebrity determined to separate from the pack; he had never been divisive; even in the thick of World War I, as an Austrian veteran demonized for his service those four weeks in the trenches, he had never spouted nationalism, or isolationism, or hatred. He was instead, then as always, an advocate and missionary for the powers of music to overcome such divisions, and to heal. He was himself a healer and a binder. He saw himself as one in a fellowship of performers who did the same, less competing for attention than unified in their devotion to music.

Fritz Kreisler, New York ca. 1955 ©JM

---

112 Hope Stoddard, "Kreisler on Relativity in Music", in: *International Musician*, March 1955, 10.

In a 1960 interview with Schonberg, the acceleration of culture, people, competition, and musicianship itself again was a cause for sadness. As he said with nostalgia:

> When I first came to America in 1888, the agencies asked, "Who plays the best Brahms? The best Beethoven?" Now they ask, "Who draws the most?" Times have changed, my dear friend [...] I have the infirmities of 85. Mostly in the ears and eyes: I can walk miles if necessary, only they won't let me. But there is no sense, my dear, in my picking up a violin any more. Mostly I listen to the radio and read whatever I can read. My eyes and ears can still do that much.

Commenting on the violinist David Oistrakh, he added:

> Oistrakh has a deep musicianship and a colossal technique. And he has one quality very few have, my dear friend. He does not play too fast. This is very unusual today. We are living in a time of money, and power, and violence – and above all, speed.[113]

The occasion for such reminiscences was New York City's presentation of a scroll and medal to honor the violinist on his eighty-fifth birthday. "But if the music world had its way," Schonberg wrote, "Mr. Kreisler would be receiving a violin studded with diamonds (for his brilliance) sheathed in velvet (for his tone), mounted next to a Botticelli painting (for his style). By common consent, Mr. Kreisler, who has not played in public for many years, is the greatest and most beloved violinist this century has produced. [...] the most elegant of violinists, the one more than anybody who could make a violin 'speak.'"[114]

On January, 29, 1962, just four days shy of his eighty-seventh birthday, Fritz Kreisler died. Twelve years had passed since his retirement from the stage, a little more than twenty since his accident in downtown Manhattan. A quarter century, arguably more, had passed since Kreisler's relevance in classical-music circuits had started to fade, with audiences regarding him more and more as a figure of fondness and nostalgia and less a central icon of performance. But in the ferocious and steely world of Heifetz and his compatriots, Kreisler's warm humanity was treasured and revered as a throwback to gentler times even as his influence slowly waned. His death sparked eulogies from around the world, a spray of emotional, poetic, reflective, mystical, musical, spiritual commentary remarking on the passage of the man, his music, and the mindset embracing both.

At his funeral Mass, Bishop Fulton J. Sheen told of visiting him on his deathbed. "I was to cleanse his mouth, eyes, ears, hands. But when it came to cleansing his hands, I didn't want to erase the magic and the beauty of what those hands had given us." The crowd burst into tears.[115]

---

113 Harold Schonberg, "City Will Honor Kreisler at 85", in: *New York Times*, 31. 1. 1960, 60.

114 Ibid.

115 Harold Coletta, interview by Amy Biancolli, 12. 7. 1992.

Love, no other word for it, exploded from the editorial page – the editorial page! – of the *New York Times*:

> Fritz Kreisler, who died yesterday after an incredible career that extended over sixty years, was a beloved musician. His violin playing was beloved not only by the public but also by his colleagues, a notably critical lot. He was beloved as a man and as a composer. Kreisler was a rare human being who spread a beam of light wherever he passed. He had but to pick up his violin and there was the inimitable Kreislerian aura. Nobody in our time had such elegance of conception, such courtly manners, such a refined way of approaching music [...]. Kreisler's art was as much style and period as anything else, and it was an art that has vanished with him.[116]

Beloved.

Again and again, over the decades, that was the word that defined him. Not just famous. Not just admired. Not just influential, accomplished, emulated, and revered. Not just popular.

Beloved.

Fritz Kreisler, New York ca. 1960 © JM

---

116 "Fritz Kreisler", in: *New York Times*, 30. 1. 1962, 28.

John Maltese

FRITZ KREISLER'S CONCERT PROGRAMMING

The standard recital program given by Fritz Kreisler and other violinists in the early part of the twentieth century was quite different from the weightier programs to which modern-day audiences are accustomed. Through the nineteenth and even into the beginning of the twentieth century, violinists typically gave concerts with other musicians. These "musicales" were a sort of variety show – often including singers, pianists, and other instrumentalists who performed individually and in various combinations. Operatic fantasies, virtuosic short pieces, and the occasional movement of a concerto dominated the repertoire of violinists such as Ole Bull, Alexandre Artôt, and Henri Vieuxtemps when they appeared in these types of concerts in the United States beginning in the 1840s. Solo recitals were all but unheard of. As an American manager supposedly exclaimed in the 1870s when pianist Anton Rubinstein suggested giving solo recitals, "Solo recitals? Who would come to solo recitals?"

As the nineteenth century progressed, several European violinists and pianists toured America together. These combinations included Camillo Sivori and Henri Herz, Henri Vieuxtemps and Sigismund Thalberg, Henryk Wieniawski and Anton Rubinstein, and Pablo de Sarasate and Eugen d'Albert. Kreisler's 1888/89 tour with Moriz Rosenthal fit into that tradition. Today, of course, we would expect a great violinist touring with a great pianist to give sonata recitals, but if Sivori and Herz or Vieuxtemps and Thalberg played together at all in these concerts, it was a grand operatic fantasy, not a sonata. Mostly, each played separately (the violinists with their own accompanists), alternating between piano and violin solos.

A review of several of their programs suggests that Kreisler and Rosenthal did not perform any compositions together. Instead, Kreisler, with pianist Charles E. Pratt, played short pieces and virtuoso selections by Wieniawski, Léonard, Laub, and Paganini, along with an occasional movement from a concerto by the likes of Vieuxtemps (Kreisler favored his First Concerto on this tour). Kreisler's solos were interspersed with solos by Rosenthal. Both Wieniawski and Rubinstein and later Sarasate and d'Albert began to perform an occasional sonata or sonata movement together, but even they mostly played separately – each violinist with his own piano accompanist (or, sometimes, with an orchestra).

Kreisler continued this older tradition of joint recitals even when he returned to the United States as a mature artist. His first nonorchestral appearance at New York's Carnegie Hall on January 7, 1901, fit the "musicale" mold. George and Lillian Henschel sang songs and operatic arias, Ernő Dohnányi performed piano solos by Rubinstein and Delibes and joined Kreisler in the second movement of Beethoven's *Kreutzer* Sonata, and Kreisler played short selections by Thomé and Wieniawski with the pianist Adolf Glose.

For the next six years, Kreisler shared all five of his non-orchestral Carnegie Hall appearances with other artists: the soprano Emma Juch, the cellist Jean Gérardy, and the pianist Josef Hofmann. The joint concerts with Josef Hofmann on February 12, 1905, and April 16, 1905, were still not true "sonata recitals" in the modern sense of the word, although Kreisler and Hofmann did play Grieg's F Major Sonata at the first concert and two movements of Franck's Violin Sonata at the second. Otherwise, Hofmann played piano solos, and Kreisler played short violin pieces accompanied by Isidore Luckstone.

Similarly, the concert by the Hofmann-Kreisler-Gérardy Trio on April 12, 1902, was hardly the sort of chamber music concert one would expect today. They performed Beethoven's *Archduke* Trio, but then Jean Gérardy played Saint-Saëns's First Cello Concerto, Hofmann played piano solos, and Kreisler added short violin selections. In addition to his concerts with this trio, Kreisler also gave chamber music concerts at venues other than Carnegie Hall, including trios with cellist Pablo Casals and pianists Harold Bauer and Ignacy Jan Paderewski. When Franz Kneisel retired as the first violinist of his famed string quartet in 1917, Kreisler replaced him in three concerts in New York at Aeolian Hall and two concerts in Boston at Jordan Hall with violinist Hans Letz, violist Louis Svećenski, and cellist Willem Willeke. Later, of course, Kreisler recorded his own string quartet with violinist Thomas Petre, violist William Primrose, and cellist Laurie Kennedy.

Kreisler did play at least two true sonata recitals with Harold Bauer in Madrid in 1911, but these remained the exception rather than the rule:

April 18:	Sonata no. 3 in E Major, BWV 1016	(Bach)
	Sonata no. 3 in D Minor, op. 108	(Brahms)
	Sonata no. 9 in A Major, op. 47	(*Kreutzer*) (Beethoven)
April 20:	Sonata in B-flat Major, K. 378	(Mozart)
	Sonata no. 1 in G Major, op. 78	(Brahms)
	Sonata no. 2 in D Minor, op. 121	(Schumann)

An examination of Kreisler's Carnegie Hall programs is illustrative of his programming.[117] Kreisler performed 179 times at Carnegie Hall from December 7, 1900, through November 1, 1947. His first true solo recital did not take place until his twenty-sixth appearance at Carnegie Hall on November 13, 1907. Even these early solo recitals were very different from those given today. The only sonatas that Kreisler played in his first seventeen solo recitals at Carnegie Hall over the next nine years were by Baroque composers: Corelli, Händel, Tartini, and, of course, Bach (both the solo sonatas and those for violin and continuo). A Baroque sonata or two invariably opened the program. Often, a concerto would follow. The remainder of the program would be a series of short pieces. Encores during the body of the program as well as at the end were common in those days, so programs could be longer than they appeared on the printed page. Not until his recital of December 31, 1916, did Kreisler program a sonata written in the nineteenth century (César Franck's) on one of his solo recitals at Carnegie Hall.

Interspersed among these seventeen solo recitals between 1907 and 1916 were three joint recitals: two with Josef Hofmann in 1908 and one with pianist Carl Friedberg in 1916. Kreisler played Beethoven's *Spring* and *Kreutzer* sonatas with Hofmann and the Brahms G Major Sonata with Friedberg (with both pianists playing their own solos and Kreisler playing shorter pieces with his own accompanist), but anything other than Baroque sonatas were slow to appear in his solo recitals at Carnegie Hall.

After playing the Franck Sonata on a solo recital in 1916, Kreisler reverted to playing Baroque sonatas at Carnegie Hall until 1920, when he played the Schubert Fantasy (D. 934). The *Kreutzer* and Brahms's G Major sonatas appeared in his solo recitals in 1921. The Grieg C Minor followed in 1922, Beethoven's op. 30, no. 2 in 1923, Mozart's K. 454 and Eugène Ysaÿe's Fourth Solo Sonata (dedicated to Kreisler) in 1927, and the Brahms A Major and the Schubert *Duo* (D. 574) in 1928, but those were the only nineteenth- or twentieth-century sonatas Kreisler ever played in Carnegie Hall. None of the other Beethoven or Grieg sonatas; no Brahms D Minor; and no other Mozart sonatas. Among other larger works that he performed were the two Beethoven romances, Chausson's *Poème*, the First Suite by Karl Goldmark, Saint-Saëns's *Havanaise* and Introduction and Rondo Capriccio, and his own arrangement of the Schumann Fantasy.

Despite these occasional nineteenth-century sonata performances, Kreisler's norm in his solo recitals at Carnegie Hall for the rest of his career remained a program of a Baroque sonata or two, a concerto, and short pieces. The concertos included some surprises, such as the Sibelius, Tchaikovsky, Wieniawski D Minor, and Paganini Second (*La Campanella*). Kreisler also featured concertos by Bach (A Major), Bruch (G Minor and *Scottish Fantasy*), Conus, Lalo (*Symphonie Espagnole*), Mendelssohn, Mozart (Third in G Major, Fourth in D Major, Fifth in A Major, and Seventh in D Major), Saint-Saëns (Third in B Minor), Vieuxtemps (Second in F-sharp Minor and Fourth in D Minor), and Viotti (Twenty-

---

117 Accessible through a Performance History search: https://www.carnegiehall.org/about/history/performance-history-search?q=&dex=prod_PHS (accessed 5. 9. 2022).

Second in A Minor and a movement of the Twenty-Fourth in B Minor), along with Kreisler's own Concerto in C (then billed as a concerto by Vivaldi) and Kreisler's arrangement of the first movement of the Paganini D Major Concerto. In a joint recital with violist Lionel Tertis, he also played Mozart's *Sinfonia Concertante*.

This type of programming – a romanticized version of a Baroque sonata, followed by a concerto and a string of short pieces – fit squarely in the norm of other violinists at that time. A review of contemporaneous recital programs shows this. For example, a typical Ysaÿe recital in Carnegie Hall on November 19, 1912, consisted of sonatas by Veracini and Geminiani, the Vitali Chaconne, Mozart's G Major Concerto, and short pieces. He reserved major sonatas for a separate joint recital with Leopold Godowsky on December 28, playing the Franck Sonata and the Beethoven *Kreutzer* (separately, he played the Chausson *Poème* with the pianist Camille Decreus, and Godowsky played the Schumann *Carnaval*). Jascha Heifetz's famed Carnegie Hall début program of October 27, 1917, consisted of the Vitali Chaconne, the Wieniawski D Minor Concerto, and short pieces. Six days earlier, Mischa Elman's Carnegie Hall recital of October 21, 1917, consisted of a Vivaldi concerto arranged by Tivadar Nachéz, Lalo's *Symphonie Espagnole*, and short pieces.

Even Joseph Szigeti's early programs in London reflected this norm. His first series of recitals at Bechstein (now Wigmore) Hall emphasized concertos and short pieces. For example, the centerpiece of Szigeti's May 11, 1907, recital at Bechstein Hall (which also included piano solos) was the Wieniawski D Minor Concerto, along with the Bach E Major Sonata (BWV 1016) and short pieces by Hubay and Wieniawski. For many people at the time, especially those who lived in rural areas, recitals were their only opportunity to hear concertos performed. Violinists such as David Oistrakh and Isaac Stern played concertos with piano accompaniment as late as the 1950s, although the practice is now almost unheard of.

The programming style of the early twentieth century resulted in recitals that appealed to a broader mass audience than is typically the case today. The celebrity that Kreisler and other classical musicians achieved among the public at large reflected that broader mass appeal. Recordings they made of short, accessible compositions on the 78 rpm discs of the day further broadened the base of their audience.

As for large "serious" works, most violinists of that era focused more on concertos than on sonatas. Leopold Auer's book, *Violin Master Works and Their Interpretation* (Carl Fischer, 1925), serves as an illustration of that tendency. In his book, Auer emphasized concertos over sonatas. The sonatas that he did discuss were, as reflected in the programming taste of the time, predominantly Baroque: the Bach solo sonatas and partitas, as well as sonatas by Corelli, Händel, Locatelli, Nardini, and Tartini. The only two Classical or Romantic sonatas that Auer covered in the book were Beethoven's *Kreutzer* and the Franck. He completely omitted Brahms and the other nine Beethoven sonatas, not to mention Mozart and Schubert.

Concertos, of course, were a mainstay of Kreisler's repertoire. In addition to the wide range of concertos he played in recital with piano, Kreisler appeared frequently with orchestra in Carnegie Hall and around the world. With orchestra, Kreisler played seventeen different concertos in Carnegie Hall between 1900 and 1946:

Bach E Major:	5 times
Bach Double:	twice (including once with Eugène Ysaÿe in 1905)
Beethoven:	16 times
Beethoven Triple:	twice (with Pablo Casals and Harold Bauer)
Brahms:	19 times (once with Gustav Mahler conducting)
Brahms Double:	twice (with Pablo Casals)
Bruch G Minor:	5 times
Bruch Scottish Fantasy:	once
Kreisler Concerto in C:	4 times
Mendelssohn:	10 times
Mozart D Major (no. 4):	4 times
Paganini D Major (first movement arranged by Kreisler):	once
Schelling:	once (New York première)
Spohr A Minor (no. 8):	once
Tchaikovsky:	4 times
Tchaikovsky (arranged by Kreisler):	twice
Viotti A Minor (no. 22):	twice

Notably missing from his Carnegie Hall roster is the Elgar Concerto, which Kreisler premiered in London in 1910 and performed around the world as late as 1913, and the Bruch D Minor, which marked his Vienna Philharmonic début in 1898 under Hans Richter. Advertising claimed that he would play the Glazunov Concerto with Serge Koussevitzky in Russia in 1913, along with the Elgar Concerto, but the performance of the Glazunov never materialized.

Except for the concertos by Elgar and Ernest Schelling that he premiered, and the Ysaÿe Fourth Solo Sonata, Kreisler played almost no twentieth-century music except his own and various short pieces written by others. He did play Ferruccio Busoni's Second Violin Sonata (completed in 1900) accompanied by the composer in England (Kreisler also played the Franck Sonata with Busoni) and two pieces for violin and orchestra by Enrique Arbós conducted by the composer (*La Zambra* and *Tango*), also in England, but his tastes were conservative.

The mainstay of Kreisler's recital programs were his own original compositions and his arrangements of works by other composers, including the Caprices 13, 20, and 24 by Paganini, which he often played as a group. (In his first U.S. tour in 1888/89, Kreisler even played Paganini's Moto Perpetuo.) Works that Kreisler never recorded, such as Zarzycki's Mazurka and Wieniawski's *Souvenir de Moscou*, Polonaise Brillante no. 2 in A Minor, and – in his own arrangement – the Caprice in A Minor, also appear in these concerts. Missing from the printed programs, at least, are the light "hits" that he recorded by the likes of Rudolf Friml and Victor Herbert. Thanks in part to the inclusion of his own beloved compositions and arrangements, Kreisler's recitals invariably invoked a sense of *gemütlichkeit* that endeared him to generations of concertgoers. They epitomize the golden age of the violinist-composer in concert.

Sample Recital Programs from Carnegie Hall

SAMPLE BAROQUE SONATA PROGRAMS

November 13, 1907

Sonata in A Major, HWV 361 (**Händel**)
Sonata no. 1 in G Minor for Solo Violin, BWV 1001 (**Bach**)
Andantino in the style of Martini (**Kreisler**)
Sicilienne et Rigaudon in the style of Francoeur (**Kreisler**)
Minuet in the style of Porpora (**Kreisler**)
Indian Lament (**Dvorak/Kreisler**)
Caprice in A Minor (**Wieniawski/Kreisler**)
Caprice no. 24 (**Paganini/Kreisler**)

February 15, 1908

Sonata in E Minor for Violin and Continuo, BWV 1023 (**Bach**)
Partita no. 3 in E Major: Prelude and Gavotte, BWV 1006 (**Bach/Schumann**)
Sonata in D Minor, op. 5, no. 12 (*La Follia*) (**Corelli**)
Melodie (from *Orfeo ed Euridice*) (**Gluck/Kreisler**)
Minuet in the style of Porpora (**Kreisler**)
Praeludium and Allegro in the style of Pugnani (**Kreisler**)
Chanson Louis XIII et Pavane in the style of Couperin (**Kreisler**)
Chanson Meditation (**Cottenet**)
Liebesleid (**Kreisler**)
Liebesfreud (**Kreisler**)
Rapsodia Piemontese, op. 26 (**Sinigaglia**)

October 30, 1909

Sonata in E Minor for Violin and Continuo, BWV 1023 (**Bach**)
Partita no. 3 in E Major, BWV 1006: Prelude and Gavotte (**Bach/Schumann**)
Andantino in the style of Martini (**Kreisler**)
Minuet in the style of Porpora (**Kreisler**)
Sicilienne et Rigaudon in the the style of Francoeur (**Kreisler**)
Variations on a Theme by Corelli (**Tartini/Kreisler**)
Menuet (**Debussy**)
Havanaise, op. 83 (**Saint-Saëns**)
Caprice Viennois (**Kreisler**)
Tambourin Chinois (**Kreisler**)
Souvenir de Moscou, op. 6 (**Wieniawski**)

December 12, 1914

Sonata in A Major, HWV 361 (**Händel**)
Sonata in G Minor (*Devil's Trill*) (**Tartini/Kreisler**)
Chaconne (from Partita in D Minor for Solo Violin, BWV 1004) (**Bach**)
Romance, op. 94, no. 2 (**Schumann/Kreisler**)
Melodie (from *Orfeo*) (**Gluck/Kreisler**)
Rondo in G Major (**Mozart/Kreisler**)
Indian Lament (**Dvorak/Kreisler**)
Caprice Viennois (**Kreisler**)
Caprice no. 24 (**Paganini/Kreisler**)

SAMPLE BAROQUE SONATA PLUS CONCERTO PROGRAMS
April 13, 1915

Sonata in E Minor for Violin and Continuo, BWV 1023 (**Bach**)
Sonata no. 1 in G Minor for Solo Violin, BWV 1001: Adagio and Fugue (**Bach**)
Concerto no. 22 in A Minor (**Viotti**)
Introduction and Scherzo (**Kreisler**)[118]
Siegfried Paraphrase (**Wagner/Wilhelmj**)
Caprices 13, 20, and 24 (**Paganini/Kreisler**)

118 Probably the Recitative and Scherzo.

January 19, 1925

Sonata in A Major, HWV 361 (**Händel**)
Sonata no. 2 in A Minor for Solo Violin, BWV 1003: Fugue (**Bach**)
Concerto no. 1 in G Minor, op. 26 (**Bruch**)
Tempo di Menuetto in the style of Pugnani (**Kreisler**)
Aubade Provençale in the style of Couperin (**Kreisler**)
La fille aux cheveux de lin (**Debussy/Hartmann**)
Danse Orientale (from *Scheherazade*) (**Rimsky-Korsakov/Kreisler**)
Introduction and Rondo Capriccioso (**Saint-Saëns**)

January 8, 1933

Sonata in A Minor, op. 1 (**Pasquale**)
Partita no. 2 in D Minor for Solo Violin, BWV 1004: Sarabande and Gigue (**Bach**)
Concerto no. 4 in D Major, K. 218 (**Mozart**)
Ballet Music (from *Rosamunde*) (**Schubert/Kreisler**)
Vocalise (**Rachmaninoff**)
Habanera (**Ravel/Kreisler**)
Cavatina (**Kreisler**)
Hungarian Dance (**Brahms/Kreisler**)

December 15, 1940

Sonata in D Major, HWV 371 (**Händel**)
Partita no. 2 in D Minor for Solo Violin, BWV 1004: Sarabande and Gigue (**Bach**)
Concerto in E Minor (**Conus**)
Suite (from *Much Ado About Nothing*, op. 11) (**Korngold**)
La fille aux cheveux de lin (**Debussy/Hartmann**)
Preghiera (**Kreisler**)[119]
Hymn to the Sun (from *Le Coq d'Or*) (**Rimsky-Korsakov/Kreisler**)
Fantasia on Russian Themes (**Rimsky-Korsakov/Kreisler**)

---

119 Probably Kreisler's arrangement of the slow movement from Rachmaninoff's Piano Concerto no. 2 in C Minor, but possibly his earlier Preghiera in the style of Martini.

October 20, 1945

Concerto in D Minor, op. 47 (**Sibelius**)
Sonata no. 1 in G Minor for Solo Violin, BWV 1001 (**Bach**)[120]
Cavatina (from String Quartet, op. 30) (**Beethoven/Hermann**)
Rondo in G Major (**Mozart/Kreisler**)
Slavonic Dance in E Minor, op. 46, no. 2 (**Dvorak/Kreisler**)
Slavonic Dance in G Major, op. 72, no. 8 (**Dvorak/Kreisler**)
Gypsy Caprice (**Kreisler**)

SAMPLE SONATA PROGRAMS
February 15, 1921

Sonata no. 9 in A Major, op. 47 (*Kreutzer*) (**Beethoven**)
Chaconne (from Partita no. 2 in D Minor, BWV 1004) (**Bach**)
Rondo in G Major (**Mozart/Kreisler**)
Hymn to the Sun (from *Le Coq d'Or*) (**Rimsky-Korsakov**)
La fille aux cheveux de lin (**Debussy/Hartmann**)
Waltz in A Major (**Brahms/Hochstein**)
Andaluza (**Granados/Kreisler**)
Molly on the Shore (**Grainger/Kreisler**)

March 22, 1924

Sonata no. 3 in G Minor, op. 45 (**Grieg**)
Concerto in D Major, op. 35 (**Tchaikovsky**)
Recitative and Scherzo, op. 6 (**Kreisler**)
Scherzo in the style of Dittersdorf (**Kreisler**)
Rondino on a Theme of Beethoven (**Kreisler**)
Chanson Meditation (**Cottenet**)
Slavonic Fantasy (**Dvorak/Kreisler**)

---

120 Possibly selected movements.

March 20, 1926

Sonata in A Major (**Franck**)
Concerto no. 5 in A Major, K. 219 (*Turkish*) (**Mozart**)
Marguerite, op. 38, no. 6 (**Rachmaninoff/Kreisler**)
Humoresque in E Minor, op. 10, no. 2 (**Tchaikovsky**)
La fille aux cheveux de lin (**Debussy/Hartmann**)
Spanish Dance (*La Vida Breve*) (**de Falla/Kreisler**)
Hungarian Dance (**Brahms/Kreisler**)

January 19, 1927

Sonata in B-flat Major, K. 454 (**Mozart**)
Sonata in E Minor, op. 27, no. 4 for Solo Violin (**Ysaÿe**) (New York première)
Sonata in D Minor, op. 5, no. 12 (*La Follia*) (**Corelli**)
Poème, op. 25 (**Chausson**)
Asturiana (from *Suite Populaire Espagnole*) (**de Falla/Kochanski**)
Canción (from *Suite Populaire Espagnole*) (**de Falla/Kochanski**)
Spanish Dance (*La Vida Breve*) (**de Falla/Kreisler**)

In Wahrheit geht es um die elementaren Voraussetzungen unserer europäischen Kultur:
Die Freiheit der Persönlichkeit und ihre vorbehaltlose, von Kasten- und Rassenfesseln befreite Selbstverantwortlichkeit!

Bronisław Huberman, offener Brief an Wilhelm Furtwängler

in: *Prager Tagblatt*, 18. 9. 1933

In reality, it is about the elementary prerequisites of our European culture: the freedom of the personality and its unconditional liberation freed from caste and race shackles!

(Bronisław Huberman, open letter to Wilhelm Furtwängler)

in: *Prager Tagblatt*, 18. 9. 1933, trans. by Exilarte

Albrecht Dümling

EINE GRUNEWALD-VILLA IN DER BISMARCKALLEE: DIE BERLINER ENTSCHÄDIGUNGSAKTE VON FRITZ KREISLER

Im Juni 1920 kehrte Fritz Kreisler mit seiner Frau von New York nach Berlin zurück, wo sie wieder ihre Wohnung am Kurfürstendamm 67 bezogen. Kreisler gehörte damals zu den weltweit bestverdienenden Musiker:innen und konnte 3.000 US Dollar pro Konzert verlangen. Als 1927 ein einziges Konzert in der Metropolitan Opera New York einen Reingewinn von 26.000 Dollar erbrachte, spendete er den gesamten Betrag für wohltätige Zwecke. Zwischen 1920 und 1930 betrugen seine Einkünfte aus Plattenverträgen 175.000 Dollar jährlich. Die hohen Einnahmen ermöglichten es dem Geiger Ende 1922 – noch rechtzeitig vor der Inflation – zusammen mit seiner Frau eine eigene Grundstücks-Aktiengesellschaft zu gründen und zwei Jahre später an der Bismarckallee in Berlin-Grunewald ein großes Grundstück zu erwerben, das zuvor dem Zeitungsverleger August Scherl gehört hatte. In dieser bevorzugten Lage ließ sich das Paar durch das Architekturbüro H. & O. Schellenberg eine prächtige Villa bauen. Zum Anwesen gehörten ein Gewächshaus, ein italienischer Rosengarten und ein Nebengebäude für den Verwalter.

Es kam das Jahr 1933, das auch für Fritz Kreisler einen tiefen Einschnitt bedeutete. Seine Auftritte in Deutschland waren nun wie die anderer Künstler:innen jüdischer Herkunft von Störungen und Boykottdrohungen betroffen. Obwohl Kreisler alle Konzerte in Deutschland absagte, lebte er mit seiner Frau weiter in der Berliner Grunewald-Villa. Von hier aus unternahm er umfangreiche Konzertreisen, unter anderem nach Südamerika und in die USA. Die Nazis hätten Fritz Kreisler gerne für ihre Zwecke eingesetzt. Ernst Hanfstaengl, der Hitler seit 1922 gut kannte, bestätigte, dass dieser das Geigenspiel Kreislers liebte. Möglicherweise trug dies dazu bei, dass er den Geiger entgegen den Unterlagen der NS-Sippenforscher als „Halbjude" einstufte.

Im Berliner Adressenbuch findet sich ab 1940 unter der Adresse Bismarckallee 32–36 statt Angaben über die Bewohner nur die Information, der Eigentümer sei unbekannt. Jedoch blieb das Haus Eigentum der von Kreisler gegründeten Hubertus Grundstücks-Aktiengesellschaft. Reichspressechef Otto Dietrich und SS-Obergruppenführer Sepp Dietrich äußerten ein Interesse an der Villa. Einzelne Zimmer wurden vom finnischen Konsul an Mitglieder der finnischen Gesandtschaft vermietet.[121]

⊙⊙⊙

---

121 Vgl. Näheres bei Albrecht Dümling, „Fritz Kreisler und der NS-Staat", in: *mr-Mitteilungen*, Nr. 100/2020, 3–24.

Fritz Kreisler und Franz Rupp, ca. 1938 © Albrecht Dümmling

Bei Recherchen für die US-Version der Ausstellung *Entartete Musik. Eine kommentierte Rekonstruktion* traf der Verfasser im Dezember 1989 in New York den Pianisten Franz Rupp, der dort seit 1938 lebte. Der 1901 in Oberbayern geborene Künstler zog 1926 nach Berlin und wurde hier ein Jahr später der ständige Klavierpartner von Heinrich Schlusnus. Da Adolf Hitler Schlusnus' lyrische Baritonstimme besonders liebte, durfte dieser am 15. November 1933 in der Berliner Philharmonie zusammen mit Rupp zur Eröffnung der Reichskulturkammer auftreten. Der mit einer Jüdin verheiratete Pianist äußerte sich danach mehrfach ironisch über mehrere NS-Führer, sodass ihn der Sänger denunzierte und die Zusammenarbeit abbrach. Glücklicherweise suchte in diesem Augenblick Fritz Kreisler einen Klavierpartner für seine Gesamtaufnahme der Beethoven-Sonaten. Seine Wahl fiel auf Franz Rupp, der ihn dann auch auf internationalen Konzerttourneen begleitete.

Noch im Alter von inzwischen 88 Jahren erinnerte sich der Pianist im Dezember 1989 lebhaft an seine Zusammenarbeit mit Kreisler, an die Beethoven-Aufnahmen in London, die im April 1935 begannen, an gemeinsame Konzerte und die Südamerikareise im Zeppelin.

Wie Rupp dem Verfasser erzählte, besuchte er während der Berliner Olympiade im August 1936 den Geiger in seiner Grunewald-Villa. Er war entsetzt, als er vor dem Grundstück in der Bismarckallee eine große Hakenkreuzfahne sah, eingerahmt von zwei kleineren Flaggen, einer österreichischen und einer US-amerikanischen. Rupp erfuhr von Kreisler, seine Ehefrau habe dies veranlasst, denn sie empfange gerade einen Reichsstatthalter. Der Geiger hatte ab 1933 wegen der Judenverfolgung alle Auftritte in Deutschland abgesagt. Gegen seine resolute Ehefrau, eine US-Amerikanerin, konnte er sich aber nicht durchsetzen. Ihr Aufhängen einer Hakenkreuzfahne kommentierte Rupp fünf Jahrzehnte später: „Als Mann hätte ich gesagt: Bist du wahnsinnig, so etwas zu machen?"[122] Der Pianist hatte schon bemerkt, dass Harriet Kreisler mit dem Regime sympathisierte. Als er einmal seine jüdische Frau erwähnt hatte, hatte sie vorwurfsvoll zu ihm gesagt: „I cannot understand that you married a Jewish woman." Der irritierte Pianist hatte höflich geantwortet: „Wir sind im selben Fahrwasser." Frau Kreisler wollte nicht wahrhaben, dass auch ihr eigener Mann Jude war.

Neben seinen internationalen Konzerten mit Kreisler trat Franz Rupp zunächst weiter als Solist in Deutschland auf. Als sich die Probleme jedoch häuften und er ein Auftrittsverbot für das Deutsche Reich erhielt, gab er im September 1938 seine Berliner Wohnung auf und übersiedelte mit seiner Frau nach New York. Hier erhielt er das Angebot, die farbige Altistin Marian Anderson zu begleiten. Seine Mitteilung, Kreisler habe 1936 noch in Berlin gelebt, widerspricht den Angaben der meisten damaligen Lexika. Dort kann man lesen, der große Geiger habe Deutschland mit Beginn des NS-Regimes verlassen. Entsprechend hieß es auf der Gedenktafel, die 1998 an einem Haus auf Kreislers ehemaligem Berliner Grundstück angebracht wurde: „Hier lebte von 1924 bis 1933 Fritz Kreisler [...]. Er emigrierte 1933 nach Frankreich und 1939 in die USA." Der Verfasser schrieb für die Berliner Seiten der *Frankfurter Allgemeinen Zeitung* einen Beitrag über Kreislers Berliner Jahre, in dem er diese Information korrigierte.[123] Die Tafel wurde daraufhin entfernt, das Haus in der Bismarckallee 32a später sogar abgerissen.

---

122 Interview des Autors mit Franz Rupp in New York, 2. 12. 1989.
123 Albrecht Dümling, „Liebesleid, Liebesfreud. Fritz Kreisler im Grunewald", in: *Frankfurter Allgemeine Zeitung*, 5. 4. 2000, BS 3.

Im Januar 2019 führte der Förderverein musica reanimata im Konzerthaus Berlin ein Gesprächskonzert zu Fritz Kreisler durch. Judith Ingolfsson (Violine) und Vladimir Stoupel (Klavier) brachten Kompositionen Kreislers zur Aufführung, Gesprächspartner des Verfassers war der Violinexperte Harald Eggebrecht.[124] Bei den Vorbereitungen für diesen Abend fiel die schlechte Quellenlage auf. Die 1957 wiederveröffentlichte Kreisler-Biografie von Louis P. Lochner war längst vergriffen.[125] So suchte der Verfasser nach weiteren Quellen. Dem Eintrag zu Fritz Kreisler im *Lexikon verfolgter Musiker und Musikerinnen der NS-Zeit* (LexM) entnahm er die Information, dass in der Entschädigungsbehörde Berlin eine Akte Fritz Kreisler (Aktenzeichen 319.840) liege. Diese durfte er im November 2019 endlich einsehen. Sie erwies sich als eine Fundgrube.

Die Entschädigungsakte

Als Teil der Wiedergutmachungspolitik der Bundesrepublik Deutschland nach dem Zweiten Weltkrieg wurde am 29. Juni 1956 das Bundesgesetz zur Entschädigung für Opfer der nationalsozialistischen Verfolgung (Bundesentschädigungsgesetz, BEG) verabschiedet. Personen, die während der Zeit des Nationalsozialismus aus politischen, rassischen, religiösen oder weltanschaulichen Gründen verfolgt wurden und dadurch Schäden an Leben, Körper, Gesundheit, Freiheit, Eigentum oder Vermögen sowie im beruflichen oder wirtschaftlichen Fortkommen erlitten hatten, sollten auf Antrag eine finanzielle Entschädigung erhalten. Anspruchsberechtigt waren verfolgte oder ermordete Personen und ihre Hinterbliebenen, die entweder noch in der Bundesrepublik lebten oder deren ehemaliger Wohnsitz in Gebieten lag, die am 31. Dezember 1937 zum Deutschen Reich gehört hatten.

Auch der ehemals in Berlin und inzwischen in New York lebende Fritz Kreisler erfuhr von diesem Gesetz. Mit tatkräftiger Unterstützung der im Westteil Berlins wohnenden Hausverwalterin Helene Makatowski erstellte er einen Antrag, der am 28. Februar 1957 im Entschädigungsamt Berlin, Potsdamer Straße 186, einging. Der Geiger hatte das Formular am 3. Januar in New York persönlich unterzeichnet, ein Notar hatte die Gültigkeit der Unterschrift bestätigt. Antworten auf die vorgedruckten Fragen waren mit Schreibmaschine eingetragen. Den Angaben zu Namen, Geburtstag und -ort sowie aktuellem Wohnsitz folgten diese Zeilen:

Familienstand: *verheiratet*
Anzahl der Kinder: *keine*
Staatsangehörigkeit: frühere: *Österreicher, dann nach Anschluss Deutscher u. von 1937–1943 Franzose*, jetzige: *amerikanische*
Erlernter Beruf: *Geigenvirtuose und Komponist, Prof. der Musik*
Sind Sie selbst verfolgt worden? *Ja. Aus Gründen der Rasse.*

---

124 Harald Eggebrecht, *Große Geiger. Kreisler, Heifetz, Oistrach, Mutter, Hahn & Co.*, München 2000.
125 Louis P. Lochner, *Fritz Kreisler*, Wien 1957.

Dem Antragsformular lag neben weiteren Schriftstücken ein vierseitiges Schreiben von Helene Makatowski bei. Von 1928 bis 1938 war sie persönliche Sekretärin von Justizrat Dr. Rudolf Dix, dem Generalbevollmächtigten des Geigers, und auch danach noch für die Kreisler-Angelegenheiten zuständig gewesen. Dix, einer der fähigsten Rechtsanwälte in Preußen, hatte unter anderem Kreislers Grundbesitz und Vermögen verwaltet, sodass Frau Makatowski mit den Vorgängen bestens vertraut war. Schon im September 1952 hatte das Ehepaar Kreisler ihr eine Generalvollmacht für den Entschädigungsantrag übergeben.[126] In ihrem Schreiben vom 23. Februar 1957 heißt es: "Herr Professor Kreisler und seine Ehegattin hatten ihren ständigen Wohnsitz seit ca. 1925 bis 1939 in Berlin-Grunewald, Bismarckallee 32–36.[127] Er fühlte sich in den ersten Jahren des Nationalsozialismus, da er österreichischer Staatsbürger war, ziemlich sicher, und er hat deshalb auch weiter, da er Deutschland sehr liebte, sein gesamtes im Ausland erarbeitetes Einkommen nach Deutschland gebracht. So hat er z. B. noch 1935 gemeinsam mit seiner Ehefrau RM 389.452,96 in Mietgrundstücke in Berlin gesteckt und eine Grundstücks-Gesellschaft begründet, welche nach seiner Ehefrau Harriet ‚Harrieta Grundstück-Gesellschafts GmbH' benannt wurde."[128]

Nach dem „Anschluss" Österreichs sei Kreisler in Schwierigkeiten geraten, seine Schallplatten und Noten durften nicht mehr verkauft werden. Er habe deshalb ein Angebot Frankreichs angenommen, französischer Staatsbürger zu werden. Nachdem der als Jude verfolgte Geiger seinem Generalbevollmächtigten Dix seine Abstammungsverhältnisse dargelegt habe, konnte dieser erreichen, dass er zum „50 % Arier" erklärt wurde. Seine Frau, „welche erst im Sommer 1938 ihrem Mann nach Amerika folgte", habe vor ihrer Abreise Wertgegenstände aus dem gemeinsamen Haus, darunter Gold- und Silberwaren, Kunstgegenstände und Musikinstrumente, in ein Berliner Lagerhaus gegeben und mit einer Million Reichsmark versichert. Die im Haus verbliebenen Gegenstände seien mit einer halben Million versichert worden. Dazu kam eine Gebäudeversicherung für die Villa in Höhe von 650.000 Reichsmark. Wie Frau Makatowski weiter ausführte, hätten sich Reichspressechef Otto Dietrich und SS-Führer Sepp Dietrich für die unbewohnte Kreisler-Villa interessiert. „Sepp Dietrich ging sogar so weit, sich den Zutritt zum Grundstück so zu verschaffen, dass er dem früheren Chauffeur Kreislers, als dieser ihm den Zutritt zum Grundstück verwehren wollte, einen mächtigen Stoss vor die Brust versetzte und dann einfach das Grundstück mit Gewalt betrat."[129]

Die Angabe, der Geiger habe bis 1939 seinen ständigen Wohnsitz in Berlin gehabt, bezieht sich auf die polizeiliche Meldung. Im offiziellen Berliner Adressbuch war für die Bismarckallee 32–36 auch 1939 noch angegeben: „E. [Eigentümer] ‚Hubertus' Grundstücks-A. G., Kohler, K., Kraftwführ., Kreisler, F., Prof."[130] K. Kohler, Kreislers Chauffeur, lebte

---

126 Generalvollmacht für Helene Makatowski, Entschädigungsakte M 8.

127 Im Berliner Adressbuch ist Kreisler erst ab 1928 unter dieser Adresse verzeichnet.

128 Schreiben von Helene Makatowski vom 23. 2. 1957, Entschädigungsakte M 3.

129 Ebd., Entschädigungsakte M 4–5.

130 *Berliner Adreßbuch für das Jahr 1939*, Berlin 1939, Teil IV, Haushaltungsvorstände (nach Straßen geordnet), 1295.

Fritz und Harriet Kreisler sowie der Chauffeur vor ihrem Lincoln-Cabriolet; im Hintergrund: Kreislers Villa in Grunewald, Berlin ca. 1928 © A-Weaz demnach auf dem gleichen Grundstück. Obwohl Kreisler bis 1939 hier seinen ständigen Wohnsitz hatte, kehrte er Helene Makatowski zufolge nach 1936 nicht mehr nach Deutschland zurück. In Abwesenheit von Kreisler und seiner Frau setzte sich Dr. Rudolf Dix weiter für ihren Besitz ein, weshalb ihn Sepp Dietrich bedroht habe: „Wir haben aufgrund der Androhungen damals täglich mit der Verhaftung des Herrn Justizrats gerechnet." Noch 1949 berichtete Dix in einem Schreiben an Fritz Kreisler von den Attacken dieses einflussreichen SS-Führers.[131]

Fritz Kreisler in Berlin

Die Tatsache, dass Fritz Kreisler auch nach 1933 in Berlin blieb, erklärte Helene Makatowski mit seiner Liebe zu Deutschland. Fritz und Harriet Kreisler hatten sich 1901 auf dem deutschen Schnelldampfer „Fürst Bismarck" kennengelernt. Reichskanzler Otto von Bismarck hatte 1871 nach der Gründung des Deutschen Reiches ein schnelles Wachstum der Reichshauptstadt vorhergesehen und angeregt, in Charlottenburg ein Pendant zu den Pariser Champs-Élysées zu schaffen. Es entstand daraufhin eine Kurfürstendamm-Gesellschaft, die den damaligen Reitweg zu einer 53 Meter breiten Straße ausbauen wollte. Sie machte jedoch zur Bedingung, das Vorkaufsrecht auf 234 Hektar Grunewald-Gelände am westlichen Ende des Kurfürstendamms zu erhalten und dort eine Villenkolonie anlegen zu dürfen. Daraufhin wurde in den 1880er-Jahren ein neuer Boulevard errichtet, der bald der traditionellen Prachtstraße Unter den Linden Konkurrenz machte. Fritz Kreisler, der schon durch die Konzertagentur Wolff & Sachs mit Berlin verbunden war, bezog 1913 mit seiner amerikanischen Ehefrau eine Wohnung am Kurfürstendamm 67. Diese behielten sie auch, als sie während des Weltkriegs in New York lebten.

Im Juni 1920 kehrten die Kreislers an den Kurfürstendamm zurück.[132] Inzwischen genügte diese Wohnung ihren Ansprüchen jedoch nicht mehr. So fassten sie den Plan, im Grunewald-Viertel, wo man im Grünen und doch unmittelbar am Rande der City lebte, ein Haus zu bauen. Die Opernsängerin Lilli Lehmann, die 1890 nach Beendigung ihres Engagements an der Metropolitan Opera in New York nach Berlin zurückkehrte, hatte hier bereits ein Anwesen erworben. In dieser begehrten Siedlung wohnten Bankiers und Industrielle, Rechtsanwälte, Ärzte, Architekten, erfolgreiche Wissenschaftler wie Max Planck, Adolf von Harnack, Werner Sombart, Karl Bonhoeffer und Ferdinand Sauerbruch, Verleger wie Samuel Fischer und die Brüder Ullstein, Theaterleute wie Max Reinhardt, Albert Bassermann, Friedrich Murnau und Isadora Duncan und Schriftsteller:innen wie Gerhart Hauptmann, Hermann Sudermann, Vicki Baum und Lion Feuchtwanger.

Auch Engelbert Humperdinck und der Geiger Franz von Vecsey wohnten in der von Bismarck gegründeten Siedlung. Ein Ort der Musik wurde die schlossartige Villa des Bankiers Franz von Mendelssohn (1865–1935), der Interpreten wie Edwin Fischer, Bruno Eisner, Rudolf Serkin oder den jungen Yehudi Menuhin regelmäßig zu Hauskonzerten einlud. Die

---

131 Zit. in Entschädigungsakte M 5.
132 Vgl. *Berliner Adreßbuch 1921*, Berlin 1921, Teil I, 1571.

Harriet und Fritz Kreisler im Wohnzimmer ihrer Wohnung am Kurfürstendamm, Berlin ca. 1913,
Aus: Enno Kaufhold, *Berliner Interieurs 1910–1930: Fotografien von Waldemar Titzenthaler*, 2013

Mendelssohn-Villa befand sich in unmittelbarer Nähe der Bismarckallee, der breitesten Straße der Kolonie. In dieser bevorzugten Wohnlage, in der Bismarckallee 32–36, erwarben die Kreislers 1924 ein drei Parzellen umfassendes Grundstück. Dazu hatten sie Ende 1922 – noch rechtzeitig vor der Inflation – eine eigene „Hubertus" Grundstücks-Aktiengesellschaft gegründet.[133] Unter dem Vorsitz von Harriet Kreisler gehörten dem Aufsichtsrat der bekannte Medizinprofessor Dr. Johannes (Janós) Plesch, sein Bruder, der Ministerialsekretär Dr. Arpad Plesch[134], und der Architekt Hugo Schellenberg an. Dieser entwarf für das große Grundstück schräg gegenüber der evangelischen Grunewald-Kirche eine prächtige Villa. Zu ihr gehörten auch ein Gewächshaus, ein italienischer Rosengarten und ein Nebengebäude für den Verwalter.

Fritz Kreisler hatte bis dahin Bechstein-Flügel bevorzugt und einen solchen auch für seine Villa gewünscht. Als er mit seiner Frau jedoch das Klavierhaus Bechstein besuchte, um ein Instrument auszusuchen, kam es zu einem Zwischenfall. Edwin Bechstein, der Chef des Hauses, begrüßte den Geiger herzlich. Dagegen wollte er seiner amerikanischen Ehefrau nicht die Hand geben. Nachdem die Alliierten im Ersten Weltkrieg ausländische Bechstein-Filialen beschlagnahmt hatten, waren Edwin und Helene Bechstein extreme Nationalist:innen geworden und hatten sich Adolf Hitler zugewandt. Empört verließen die Kreislers das Klavierhaus, das sie nie wieder betreten wollten.[135] Der Geiger ließ sich von da an nur noch auf Steinway-Klavieren begleiten. Selbstverständlich kaufte er auch für seine Grunewald-Villa einen Steinway-Flügel. Dem Kreisler-Biografen Louis P. Lochner zufolge hatten Fritz und Harriet Kreisler gehofft, „bis ans Ende ihrer Tage" in dem großzügigen Berliner Anwesen leben zu dürfen. „Doch das Schicksal hat es anders bestimmt."[136]

Staatsbürgerschaft und „Judenstatus"

Der österreichische Reisepass des Geigers, der ihn bis dahin geschützt hatte, wurde nach dem „Anschluss" Österreichs ans Deutsche Reich ungültig. Kreisler war nicht bereit, wie gefordert den österreichischen gegen einen deutschen Pass umzutauschen. Schon nach der Ermordung des österreichischen Bundeskanzlers Engelbert Dollfuß, mit dem er befreundet war, hatte er 1934 ein Interesse an der französischen Staatsbürgerschaft bekundet und sich bald darauf eine Zweitwohnung in Südfrankreich genommen. Unmittelbar nach dem „Anschluss" wurde Kreisler im Mai 1938 in Anerkennung seiner künstlerischen Verdienste zum Kommandeur der französischen Ehrenlegion ernannt. Gleichzeitig mit dieser Ehrung wurde ihm die französische Staatsbürgerschaft zugesprochen, die der deutsche Außenminister Joachim von Ribben-

---

133 Vgl. *Handbuch der deutschen Aktiengesellschaften für 1925*, 30. Jg., Berlin und Leipzig 1925, 255.
134 Arpad Plesch war auch Mitglied des Aufsichtsrats der I. G. Farben AG und Berater des italienischen Industriellen Gianni Agnelli.
135 Vgl. Edith Stargardt-Wolff, *Wegbereiter großer Musiker*, Wiesbaden 1954, 202–204.
136 Lochner 1957, wie Anm. 125, 193ff.

Villa in Grunewald, Berlin, Aus: Louis P. Lochner, *Fritz Kreisler*, 1950

trop allerdings zunächst nicht akzeptierte.[137] Nach Angaben des Berliner Polizeipräsidiums verlor Kreisler erst am 13. Mai 1939 die deutsche Staatsangehörigkeit, nachdem das Außenministerium die Gültigkeit seiner französischen Papiere endlich anerkannt hatte.[138] Als aber in Frankreich die 1940 gebildete Vichy-Regierung die bisherigen Pässe einzog, beschloss Kreisler, sich um die US-Staatsbürgerschaft zu bemühen, die er tatsächlich im Mai 1943 erhielt.[139]

Fritz Kreisler hatte zunächst als „Halbjude" gegolten, bis ihn ein Abstammungsbescheid der Reichsstelle für Sippenforschung als „Volljuden" bezeichnete. Justizrat Dr. Rudolf Dix wehrte sich gegen diese Einordnung und wandte sich direkt an Staatsminister Otto Meissner, den Chef von Hitlers Präsidialkanzlei. Meissner antwortete ihm am 21. April 1939, „daß in der Angelegenheit des Geigers Fritz Kreisler der Führer und Reichskanzler im Benehmen mit dem Herrn Reichsminister für Volksaufklärung und Propaganda entschieden hat, daß auf Grund der glaubhaften Versicherung und des persönlichen Verhaltens Kreislers der Beweis seiner halbarischen Abstammung als geführt anzusehen und Kreisler als Mischling ersten Grades zu betrachten sei"[140]. Im Gegensatz zur Reichsstelle für Sippenforschung ordnete demnach Hitler persönlich den Geiger einer „höheren" Stufe der Rassenhierarchie zu. Ernst Hanfstaengl, der frühere Auslands-Pressechef der NSDAP, der Hitler seit 1922 gut kannte, bestätigte, dass dieser das Geigenspiel Kreislers liebte.[141] Möglicherweise trug dies dazu bei, dass er den Geiger als „Halbjuden" einstufte. Dr. Dix schickte den Bescheid umgehend an das zuständige Berliner Finanzamt und beantragte, „alle Maßnahmen aufzuheben, die die jüdische Rassenzugehörigkeit von Fritz Kreisler zur Voraussetzung haben"[142]. Die Nachricht ging auch an die Reichsmusikkammer, die daraufhin über Kreisler vermerkte: „Angesichts des Verhaltens K.'s in der letzten Zeit in Amerika, hat der Führer entschieden, daß der Beweis seiner halbarischen Abstammung als geführt anzusehen ist. Die frühere Entscheidung über die Unerwünschtheit der Aufführung der Werke Kreislers wird dadurch nicht berührt."[143] Entsprechend bezeichnete auch das *Lexikon der Juden in der Musik* Kreisler als „Halbjuden".

---

137 Vgl. ebd., 230.
138 Vgl. Vermerk der Entschädigungsbehörde, Entschädigungsakte D 42.
139 Vgl. Lochner 1957, wie Anm. 125, 254.
140 Schreiben von Staatsminister Otto Meissner an Justizrat Dr. Rudolf Dix vom 21. 4. 1939, Entschädigungsakte D 13.
141 Vgl. Ernst Hanfstaengl, *Zwischen Weißem und Braunem Haus. Erinnerungen eines politischen Außenseiters*, München 1970, 303.
142 Schreiben von Dr. Rudolf Dix an das Finanzamt Wilmersdorf-Süd vom 27. 4. 1939, Entschädigungsakte D 24.
143 Schreiben des Polizeipräsidenten in Berlin an das Entschädigungsamt vom 16. 8. 1957 unter Bezug auf das Berlin Document Center, Entschädigungsakte M 14.

Schaden an Eigentum

Der mit 71 Schriftstücken umfangreichste Teil des Entschädigungsantrags betrifft „Schaden an Eigentum". In dem entsprechenden Formular nannte Helene Makatowski das Finanzamt Wilmersdorf-Süd als die bis 1939 für Kreisler zuständige Finanzbehörde. Über den Zeitpunkt der Auswanderung schrieb sie: „Prof. Kreisler verliess Deutschland 1936 und kehrte nicht mehr zurück. Er war jedoch noch bis 1939 polizeilich gemeldet."[144] Sodann gab sie den im Krieg zerstörten Hausrat an, den Schaden an den Grundstücken und nicht zuletzt die gezahlte Reichsfluchtsteuer. Diese Steuer war 1931 eingeführt worden, um eine Kapitalflucht ins Ausland zu verhindern; im NS-Staat betrug sie 25 Prozent des Gesamtvermögens eines Ausreisenden. Für die Steuer nannte Helene Makatowski als „vorläufige Angabe" den Betrag von 369.704 Reichsmark. Wertpapiere im gleichen Gesamtwert, die Kreisler als Sicherheit bei der Deutschen Bank verpfändet hatte, waren im April 1940 nach Entrichtung der Steuer wieder freigegeben worden.[145] Auch Harriet Kreisler hatte eine Reichsfluchtsteuer zahlen müssen, die sie durch eine Hypothek von 200.000 Reichsmark abdeckte.[146]

Um Auskunft über Kreislers Einkommen zu erhalten, wandte sich Frau Makatowski an das Finanzamt Wilmersdorf, erhielt von dort zunächst aber keine befriedigende Auskunft.[147] Erklärt wurde dies durch die Verlagerung der Steuerunterlagen in ein anderes Berliner Finanzamt. Ungelöst blieb auch die Frage nach dem Verbleib der freigegebenen Wertpapiere.[148] Obwohl Frau Makatowski ihre entsprechende Angabe nur als vorläufig bezeichnet hatte, wurde Fritz Kreisler als Entschädigung für die von ihm gezahlte Reichsfluchtsteuer schon am 26. Juli 1957 ein Betrag von 67.108,66 Deutschen Mark zuerkannt, der daraufhin auf sein Berliner Konto ging.[149] Danach bearbeitete das Amt die übrigen Entschädigungsansprüche.

Nach der Pogromnacht vom November 1938 hatte das Deutsche Reich eine „Judenvermögensabgabe" eingeführt, die Jüdinnen und Juden aus der deutschen Wirtschaft ausschalten sollte. Alle Jüdinnen und Juden mit einem Vermögen von über 5.000 Reichsmark waren demnach verpflichtet, 20 Prozent davon in vier Raten bis zum 15. August 1939 an ihr Finanzamt abzuführen. Da Kreisler als „Halbjude" von dieser Abgabe befreit war, nahm Helene Makatowski mit Schreiben vom 31. August 1957 den Anspruch auf eine entsprechende Entschädigung zurück. Interessant ist ein Vermerk, wonach das Entschädigungsamt Zugang erhielt zu Kreislers Einkommensteuerakte einschließlich einer umfangreichen Korrespondenz mit dem Bevollmächtigten Dr. Dix aus dem Jahr 1928. Hieraus ging hervor, dass der Geiger wegen doppelten Wohnsit-

---

144 Antragsformular „Schaden an Eigentum", Entschädigungsakte D 1.
145 Vgl. Mitteilung des Finanzamts Moabit-West an die Deutsche Bank vom 29. 4. 1940, Entschädigungsakte D 4.
146 Vgl. Mitteilung von Helene Makatowski, Entschädigungsakte D 34.
147 Vgl. Schreiben des Finanzamts Wilmersdorf an Helene Makatowski vom 14. 3. 1957, Entschädigungsakte D 7.
148 Vgl. Schreiben des Senators für Finanzen an die Wiedergutmachungsämter vom 18. 11. 1958, Entschädigungsakte D 48.
149 Vgl. Bescheid vom 27. 7. 1957, Entschädigungsakte D 16–17; Albrecht Dümling, *Anpassungsdruck und Selbstbehauptung. Der Schott-Verlag im ‚Dritten Reich'*, Regensburg 2020, 27.

zes „das ausländische Einkommen durch Zahlung einer Pauschale (10.000 RM) (1930: 7500 RM; 1938: 7500 RM)" versteuern musste, das inländische Einkommen dagegen entsprechend den deutschen Steuersätzen.[150] Für Kreisler war diese relativ niedrige Besteuerung seiner Auslandseinkünfte vor allem nach 1933 vorteilhaft. Da er in diesen Jahren keine Konzerte in Deutschland mehr gab, beschränkten sich seine zu versteuernden deutschen Einnahmen damals vor allem auf Urheberrechte und Bankzinsen. Nicht zuletzt seine geschäftstüchtige Ehefrau, die hier noch 1935 eine eigene Grundstücksgesellschaft gründete, dürfte zwecks Beibehaltung dieser Steuerregelung auf den bis 1939 geltenden Wohnsitz Berlin Wert gelegt haben.

Zu den im Antrag genannten Eigentumsschäden gehörte der Verlust des Hausrats und der weiteren Einrichtung der Villa. Schon in ihrem Schreiben vom 23. Februar 1957 hatte Helene Makatowski angegeben, dass Frau Kreisler vor ihrer Abreise Wertgegenstände aus der Villa ins Berliner Speditionshaus Edmund Vetter bringen und mit einer Million Reichsmark versichern hatte lassen. Ebenfalls bei der Victoria-Versicherung wurden die im Haus verbliebenen Gegenstände mit 500.000 Reichsmark versichert, das Gebäude selbst mit 650.000 Reichsmark.[151] Diese Angaben wurden in dem Teil des Antrags, der „Schaden an Eigentum" betraf, weiter konkretisiert. Einem Schreiben vom 27. September 1957 ist zu entnehmen, dass auch das Ausgleichsamt des Bezirksamts Wilmersdorf mit der Hausratsentschädigung befasst war.[152] Diese Frage sollte sich als langwierig erweisen. Am 5. Februar 1958 reichte Kreislers Bevollmächtigte drei weitere Erstattungsanträge beim Haupttreuhänder für Rückerstattungsvermögen ein. Sie wurden zurückgewiesen, weil sich das Speditionshaus Vetter in Ostberlin und damit in der sowjetischen Besatzungszone befand. Die dort gelagerten Schätze waren nicht vom Deutschen Reich, sondern von der Roten Armee beschlagnahmt worden. Dennoch beantragte Makatowski im November 1960 „eine angemessene Entschädigung wegen der von der russischen Armee als Kriegsbeute abtransportierten Wertgegenstände aus dem Lagerhaus Vetter, weil meine Auftraggeber wegen der ihnen von den Nazis aufgezwungenen Auswanderung nach Amerika nicht in der Lage waren, sich um ihr Eigentum weiter kümmern zu können"[153]. Bereits früher hatte sie darauf hingewiesen, dass die Lagergebühren bis Ende 1944 bezahlt gewesen seien.[154] Das Entschädigungsamt blieb bei seiner ablehnenden Haltung, weil der Verlust nicht durch NS-Verfolgung, sondern durch Kriegsbeziehungsweise Kriegsfolgeschaden eingetreten sei.[155]

---

150 Vermerk zur Einkommenssteuerakte, Entschädigungsakte D 42.
151 Vgl. Schreiben von Helene Makatowski vom 23. 2. 1957, Entschädigungsakte M 4.
152 Vgl. Entschädigungsakte D 28.
153 Entschädigungsakte D 58.
154 Vgl. Schreiben von Helene Makatowski von 1960, Entschädigungsakte D 61.
155 Vgl. Schreiben des Entschädigungsamts vom 2. 6. 1961, Entschädigungsakte D 69.

Berufliches Fortkommen

Der letzte Teil des Entschädigungsantrags betraf den Schaden im beruflichen Fortkommen. Dazu hatte Helene Makatowski beim Hauptfinanzamt für Erbschaftssteuer und Verkehrssteuern eine Übersicht über die Einkünfte Fritz Kreislers angefordert und im April 1957 erhalten.[156] Demnach sanken die Einkünfte von 1936 bis 1940 kontinuierlich. Schon Anfang 1957 hatte die Bevollmächtigte des Geigers den Schott-Verlag, der Kreislers Werke druckte und vertrieb, um Auskunft gebeten. Der Verlagsinhaber Wilhelm Strecker wies in seiner Antwort darauf hin, dass etwa ab 1935 Werke jüdischer Autor:innen nicht mehr in den Verlagskatalog aufgenommen werden durften. Da ein Vertrieb im Ausland jedoch weiter möglich war, wurden die Noten immer noch gedruckt und stießen auf reges Interesse. Bis 1935 erhielt Kreisler von Schott jährliche Tantiemenzahlungen in Höhe von durchschnittlich 8.000 Reichsmark.[157] Deutlich höhere Zahlungen von 13.800 und 10.000 Reichsmark gab es in den Jahren 1936 und 1937, weil der Verlag „für den Fall, daß ein ausdrückliches Druckverbot erfolgt wäre"[158], vorsorglich mehr Exemplare druckte, als unmittelbar in den Handel gingen.[159] Allerdings gab der Verleger zu bedenken, dass durch das Verbot der öffentlichen Aufführungen, besonders im Rundfunk, der Verkauf stark beeinträchtigt wurde. Auch die Tantiemenzahlungen der Plattenfirmen gingen zurück, zumal Kreisler-Platten zuletzt nur noch im Ausland vertrieben werden durften. Während die Firma EMI Angaben zu den Plattenverkäufen machte[160], meldeten Electrola und Deutsche Grammophon, ihre Unterlagen seien im Krieg vernichtet worden[161].

SS-Obergruppenführer Sepp Dietrich

Im offiziellen Berliner Adressbuch von 1940 finden sich unter der Adresse Bismarckallee 32–36 keine Angaben mehr über Bewohner:innen. Stattdessen steht hier: „E. [Eigentümer] ungenannt". Als wäre das Grundstück danach unterteilt worden, bringen die Adressbücher der Jahre 1941 bis 1943 für die Bismarckallee 36 den rätselhaften Hinweis „Neubau". Haus und Grundstück befanden sich jedoch weiter im Besitz der „Hubertus" Grundstücks-Aktiengesellschaft. Diese galt als Feindvermögen und wurde von Justizrat Dr. Dix zusammen mit Helene Makatowski verwaltet.[162] Sie hatte im Entschädi-

---

156 Vgl. Schreiben des Hauptfinanzamts Berlin an Helene Makatowski vom 11. 4. 1957, Entschädigungsakte E 4.

157 Vgl. Tantiemenabrechnungen des Schott-Verlags, Entschädigungsakte E 6.

158 Schreiben von Wilhelm Strecker an Helene Makatowski vom 23. 1. 1957, Entschädigungsakte E 5.

159 Vgl. Vermerk der Entschädigungsbehörde vom 13. 2. 1958, Entschädigungsakte D 52.

160 Vgl. Entschädigungsakte D 50–51.

161 Vgl. Entschädigungsakte D 35–36.

162 Vgl. *Die Großunternehmen im Deutschen Reich. Handbuch der deutschen Aktiengesellschaften*, 48. Jg., Leipzig 1943, 4807.

gungsantrag angegeben, Reichspressechef Otto Dietrich und SS-Obergruppenführer Sepp Dietrich hätten ein Interesse an der Villa geäußert. Der SS-Führer habe sich sogar mit Gewalt Zutritt verschafft.[163] Vom Institute of Documentation in Israel for the Investigation of Nazi Crimes erhielt der Verfasser dazu weitere Informationen. Demnach hatte Dr. Dix in seiner Eigenschaft als finnischer Konsul einzelne Zimmer der Villa an die finnische Gesandtschaft vermietet, was sich als eine geschickte Schutzmaßnahme erwies. Da der Anwalt engen Kontakt zu Toivo Kivimäki hatte, dem ehemaligen finnischen Ministerpräsidenten und Botschafter in Berlin, protestierte Finnland umgehend beim Auswärtigen Amt gegen das Eindringen des SS-Führers. Dies war aber nicht Dietrich selbst gewesen, sondern der SS-Brigadeführer Max Schneller, der für ihn „ein Haus besorgen" sollte. Als dessen oberster Dienstherr Heinrich Himmler erfuhr, Schneller habe „einen Angehörigen der finnischen Gesandtschaft in unfreundlichster Form herausgeworfen", bat er ihn am 8. September 1942 um sofortige Meldung. Gegenüber dem Bündnispartner Finnland könne man sich solche Aktionen nicht erlauben.[164] Einige Tage später forderte Himmler Sepp Dietrich „in alter Freundschaft" auf, sich in Berlin um ein anderes Anwesen zu bemühen.[165]

Bevor der SS-Obergruppenführer sich nach einem anderen Objekt umsah, erkundigte er sich nach den Besitzverhältnissen. Am 23. Oktober gab der an der Ostfront eingesetzte SS-Führer in einer Feld-Kommandostelle zu Protokoll, er habe feststellen können, dass der frühere jüdische Eigentümer der Villa in die USA emigriert und amerikanischer Staatsbürger geworden sei. „Justizrat Dix, der zugleich finnischer Konsul ist, hat in seiner Eigenschaft als deutscher Rechtsanwalt eine Kreislersche Familien A.-G. gegründet. 49 % dieser Aktien gehören der jüdischen Familie Kreisler, 51 % einem Amerikaner. Als Sachwalter dieser jüdisch-amerikanischen Aktiengesellschaft und wohl in sehr wenig erfreulicher Erfüllung seiner Aufgaben als finnischer Konsul hat Herr Dix 3 von den 10 Zimmern des Hauses an ein finnisches Gesandtschaftsmitglied vermietet."

Sepp Dietrich berichtete, er habe während eines Berlin-Besuchs mit seiner Frau, einer Mitarbeiterin des Amtes Speer und einem Baurat das Haus besichtigt. Dabei sei nur ein arroganter Hausmeister zu sehen gewesen, „der offenbar schon unter dem Juden gedient hatte". Ihn muss der SS-Führer, wie von Helene Makatowski beschrieben, energisch beiseitegedrängt haben, um sich Zugang zu erzwingen. Zum Protest der Gesandtschaft bemerkte Dietrich: „Ich kann es mir nun lediglich so erklären, dass der deutsche Rechtsanwalt Dix, der dieses jüdische Geschäft getätigt hatte, unter Mißbrauch seiner Eigenschaft als finnischer Konsul, die Finnische Gesandtschaft in einer völlig falschen Form unterrichtet hat, so dass diese sich dann beim deutschen Auswärtigen Amt über eine angeblich ungerechtfertigte Heraussetzung eines finnischen Gesandtschaftsmitgliedes aus seiner Wohnung beschwerte."[166]

---

163 Vgl. Angaben von Helene Makatowski, Entschädigungsakte M 4–5, D 63.
164 Schreiben von Heinrich Himmler an SS-Brigadeführer Schneller vom 8. 9. 1942, Dokumentsammlung Tuviah Friedman, Institute of Documentation in Israel for the Investigation of Nazi Crimes, Dokumentenband über Josef „Sepp" Dietrich.
165 Schreiben von Heinrich Himmler an SS-Obergruppenführer Sepp Dietrich vom 12. 9. 1942, ebd.
166 Sepp Dietrich, „Niederschrift über die Besichtigung eines Hauses durch SS-Obergruppenführer Sepp Dietrich, worüber die Finnische Gesandtschaft sich beschwerte", 23. 10. 1942, ebd.

Wenn Sepp Dietrich von einer „angeblich ungerechtfertigte[n] Heraussetzung" sprach, bestritt er eine solche Aktion seines SS-Kollegen Schneller nicht prinzipiell, sondern setzte voraus, dass sie gerechtfertigt war. Seine Niederschrift nutzte er zu einer scharfen Kritik an Dr. Dix und dem „Hausmeister", bei dem es sich um Kreislers ehemaligen Chauffeur Kohler gehandelt haben muss. Sofort forderte Himmler daraufhin den SS-Gruppenführer Gottlob Berger auf, gegenüber der finnischen Gesandtschaft die falsche Darstellung des deutschen Rechtsanwalts – „ein Judenknecht allererster Sorte" – zu korrigieren. Danach solle Berger die Gestapo verständigen, „dass diese den frechen Hausmeister, der ohne Zweifel Deutscher und weder finnisches Gesandtschaftsmitglied noch finnischer Konsul ist, einmal ganz scharf unter die Lupe nimmt und dafür sorgt, dass dieser entweder eingezogen oder dienstverpflichtet wird oder ins KL kommt"[167]. Ob Kreislers Chauffeur von der Gestapo belangt oder gar in ein Konzentrationslager gebracht wurde, ist nicht bekannt. Vermutlich wäre dies jedoch im Entschädigungsantrag zur Sprache gekommen. Allerdings war Kohler schon ab 1940 nicht mehr als Bewohner der Kreisler-Villa gemeldet, um die sich die Kanzlei von Rudolf Dix weiterhin kümmerte.[168]

Ernst Hanfstaengl, der den Geiger mehrfach getroffen hatte und seit 1938 in London lebte, gab später an, sich bei Hjalmar Schacht und dem früheren Reichsaußenminister Konstantin von Neurath dafür eingesetzt zu haben, dass ein Teil des bedeutenden Kreisler-Vermögens in die USA transferiert wurde.[169] Möglicherweise handelte es sich dabei um die oben erwähnten Wertpapiere. Vermutlich hatte an dieser Transaktion Dr. Rudolf Dix mitgewirkt. Er muss gute Kontakte zu Hjalmar Schacht besessen haben, dem ehemaligen Reichsbankpräsidenten und Reichswirtschaftsminister, den er nach dem 20. Juli 1944 vor einer Anklage vor dem Volksgerichtshof bewahrte und auch später bei den Nürnberger Prozessen erfolgreich verteidigte.

Entschädigungszahlungen

Als Entschädigung für die gezahlte Reichsfluchtsteuer wurde Fritz Kreisler schon am 26. Juli 1957 ein Betrag von 67.108,66 Deutschen Mark zuerkannt.[170] Aufwendiger war die Berechnung seiner Tantiemenverluste durch das Berufsverbot. Dazu wertete das Entschädigungsamt die Angaben des Schott-Verlags und der Urheberrechtsgesellschaften aus und kam für die Zeit von 1938 bis April 1945 auf einen zu versteuernden Betrag von circa 75.000 Reichsmark. Entsprechend dem Berechnungsschlüssel der Behörde erhielt Kreisler für entgangene Tantiemen daraufhin im März 1959

---

167 Schreiben des Reichsführers SS an SS-Gruppenführer Gottlob Berger vom 24. 10. 1942, ebd.
168 Dix' Bruder Helmuth forderte noch bis Anfang 1945 vom Musikverlag Hans Sikorski fällige Tantiemen für Kreisler'sche Bearbeitungen ein. Vgl. Sophie Fetthauer, *Musikverlage im „Dritten Reich" und im Exil*, Hamburg 2004, 232–234.
169 Vgl. Hanfstaengl 1970, wie Anm. 141.
170 Vgl. Bescheid vom 26. 7. 1957, Entschädigungsakte D 16.

eine Zahlung von 10.000 Deutschen Mark.[171] Dagegen wurde der Wert des Hausrats und der Kunstgegenstände, die eingelagert waren, nicht erstattet, weil ihr Verlust eine Folge von Kriegsereignissen und nicht von Verfolgungsmaßnahmen war.[172] Am 16. Juni 1961 verzichtete Helene Makatowski auf diesbezügliche Ansprüche.[173] Kreislers Villa war dem Bombenkrieg zum Opfer gefallen,[174] was ebenfalls eine Folge von Kriegsereignissen war, für die es keine Erstattung ab.

Der Biografie von Louis P. Lochner ist zu entnehmen, dass der Geiger die wertvollen Bücher aus seiner Bibliothek im ersten Stock der Villa kurz vor der Abreise nach London hatte schaffen lassen wollen. Die deutschen Behörden widersetzten sich dem. „Endlich gaben sie ihre Zustimmung, aber nur unter folgender Bedingung: Sollte die Sammlung innerhalb der nächsten fünf Jahre veräußert werden, müßte der Gesamtertrag der nationalsozialistischen Regierung zufallen."[175] Mit dem Ende des NS-Regimes entfiel diese Verpflichtung. Dennoch sollte es noch bis zum Jahr 1948 dauern, dass Kreisler die so lange entbehrten Bücher endlich aus London zurückerhielt.

1962 starb der Geiger in New York, ohne Deutschland je wieder besucht zu haben. Sein Nachlass ging an die Library of Congress in Washington, D. C. Das große Grundstück in der Bismarckallee war nach dem Krieg parzelliert und kleinteilig bebaut worden. Nach der Entfernung der bisherigen Gedenktafel wurde am 21. Dezember 2019 auf Initiative des Fördervereins musica reanimata auf einem verbliebenen Eingangspfeiler eine neue Tafel angebracht. Die Inschrift lautet jetzt:

Hier lebte von 1924 bis 1939
FRITZ KREISLER
2. 2. 1875 – 29. 1. 1962
Geigenvirtuose und Komponist
„Liebesfreud" und „Liebesleid"
Ab 1933 trat er nicht mehr in Deutschland auf
und emigrierte 1939 in die USA.

Die neuen Erkenntnisse, die vor allem auf die Entschädigungsakte zurückgingen, wurden als Aufsatz in Heft 100 der vom Verein herausgegebenen Zeitschrift veröffentlicht.[176]

---

171 Vgl. Entschädigungsakte D 52–53.
172 Vgl. Schlussbescheid vom 2. 9. 1961, Entschädigungsakte D 72.
173 Vgl. Entschädigungsakte D 70.
174 Vermutlich wurde die Villa wie die benachbarte Grunewaldkirche im März 1943 zerstört.
175 Lochner 1957, wie Anm. 125, 307.
176 Dümling 2020, wie Anm. 121.

BERLIN-GRUNEWALD
BISMARCK ALLEE 32

7. Mai 1938

Liebe Kusine Käthe

Ich komme erst heute dazu Ihnen für den lieben Brief, die Einlagen und Ihre Mühewaltung von Herzen zu danken.

Harriet bittet Sie nun so weit wie möglich den Stamm der väterlichen Familie zurück zu verfolgen. Bei dem Interesse, das der Ahnenforschung entgegengebracht wird, dürfte dies nicht allzu schwer fallen. Hoffentlich unterziehen Sie sich uns zuliebe auch dieser Mühe. Die entstandenen Kosten bitte ich natürlich mir zu melden.

Wir freuen uns dass es Ihnen und den Ihrigen wohl geht. Hoffentlich bedeutet der Umstand, dass Sie uns selbst schrieben nicht, dass das Alter schwerer als sonst auf Ihrer lieben Mutter lastet. Wir beide können diesen fortschreitenden Druck an uns selbst ermessen und haben uns daher entschlossen, nach Möglichkeit Alles zu tun, um Ihre, von uns hochverehrliche Mutter, imstand zu setzen, ihren eigenen Lebensabend behaglich zu gestalten und ihren Lieben auch etwas Freude zu bereiten.

Brief von Fritz Kreisler an eine deutsche Verwandte von Harriet, 7. 5. 1938; einer der letzten Briefe von Fritz Kreisler aus Berlin © A-Weaz

Ulrike Anton

FRITZ KREISLER IM EXIL: NEW YORK, 1939–1945

Nach der Machtübernahme Hitlers in Deutschland waren die Auftritte Fritz Kreislers aufgrund seiner jüdischen Herkunft von Störungen und Boykottaufrufen begleitet. Auch seine Kompositionen wurden nicht mehr gespielt. Eine Einladung des Dirigenten Wilhelm Furtwängler, bei einem Konzert als Solist mit den Berliner Philharmonikern aufzutreten, lehnte er am 1. Juli 1933 schriftlich ab. Er beendete überhaupt jede Konzerttätigkeit in Deutschland.[177] Diese klare Entscheidung gegen die antisemitische Politik des NS-Regimes wurde auch in Amerika wahrgenommen. Die *New York Times* veröffentlichte einen Bericht gemeinsam mit einem Interview, das Kreisler der Zeitung gegeben hatte.[178] Trotz dieser eindeutigen Haltung lebte Kreisler weiterhin mit seiner Frau, die mit den Nationalsozialist:innen sympathisierte und weitgehend ignorierte, dass ihr Mann Jude war, in der gemeinsamen Berliner Villa, in der sie bis 1939 gemeldet waren. Seine internationale Karriere setzte Kreisler in dieser Zeit fort – vorerst fühlte er sich in Nazideutschland durch seine österreichische Staatsbürgerschaft geschützt.

Mit dem sogenannten Anschluss Österreichs an Nazideutschland im März 1938 wurde Kreislers österreichischer Reisepass ungültig. Die Reichsmusikkammer setzte seine Kompositionen im September 1939 auf die „Liste unerwünschter musikalischer Werke" und auch im *Lexikon der Juden in der Musik*[179] wurde er als „Halbjude" gelistet. Obwohl man bisher in der Forschung davon ausging, dass Kreisler sich ab 1938 ausschließlich in Frankreich aufgehalten habe, zeigt ein Brief, den er Anfang Mai 1938 von Berlin aus an eine Verwandte seiner Frau schickte, dass er trotz des Verlustes der österreichischen Staatsbürgerschaft nochmals nach Deutschland zurückgekehrt war.[180]

Nach langwierigen und schließlich erfolgreichen Bemühungen um die französische Staatsbürgerschaft gelang es Kreisler, gemeinsam mit seiner Frau den Weg ins amerikanische Exil anzutreten. Das Ehepaar schiffte sich in Le Havre auf der „SS Washington" ein und erreichte New York am 18. September 1939.[181]

---

177 Vgl. Brief von Fritz Kreisler an Wilhelm Furtwängler vom 1. 7. 1933, zit. in: Louis P. Lochner, *Fritz Kreisler*, New York 1950, 281.
178 Vgl. „Kreisler is firm on Reich concerts", in: *New York Times*, 21. 7. 1933, 5.
179 Theo Stengel und Herbert Gerigk, *Lexikon der Juden in der Musik*, Berlin 1940 (Veröffentlichungen des Instituts der NSDAP zur Erforschung der Judenfrage, Bd. 2).
180 Brief von Fritz Kreisler an eine deutsche Verwandte vom 7. 5. 1939, Archiv des Exilarte Zentrum, Wien.
181 Vgl. Passenger Records, Passagierliste 40 der „S. S. Washington", 10. 9. 1939, Ellis Island Archive, New York.

Kreislers Einreise in die USA erregte die Aufmerksamkeit der Öffentlichkeit, und die New York Times brachte ein kurzes Interview und ein Foto in einem Artikel über prominente Fahrgäste, die sich an Bord des völlig überfüllten Schiffes befanden. In seinem kurzen Statement verlieh Kreisler seinem Entsetzen über den Überfall Hitlers auf Polen am 1. September insofern Ausdruck, als er den berühmten polnischen Pianisten und Komponisten Ignacy Jan Paderewski sehr bedauerte und seine Situation mit einem Alptraum verglich.[182] Weitere berühmte Passagierinnen und Passagiere waren der Schriftsteller Thomas Mann, der Schauspieler und Produzent Robert Montgomery sowie Mitglieder der Kennedy-Familie.

Kreisler nahm in den USA seine Konzerttätigkeit sehr rasch wieder auf und setzte sich auch während des Krieges immer wieder für wohltätige Zwecke ein. Er gab mehrere Konzerte in der Carnegie Hall, der Metropolitan Opera oder dem Hotel Ritz-Carlton, deren Einnahmen dem Roten Kreuz, dem Musicians Emergency Fund oder der Heilsarmee zugutekamen. Die New York Times berichtete ausschließlich positiv über Kreislers Violinspiel und lobte seine Interpretationen, wies immer wieder auf seine künstlerische Ausdruckskraft und sein einfühlsames Geigenspiel hin. Auch seine eigenen Kompositionen und Transkriptionen betrachtete man als Gewinn für das Repertoire.

Sitzordnung des Abendessens zu Ehren Fritz Kreislers, organisiert von „The Bohemians" (New York Musicians' Club), Hotel Waldorf-Astoria, New York 22. 12. 1940 © JM

---

182 Vgl. „Washington lands 1,746 from Europe", in: New York Times, 19. 9. 1939, 22.

Wie sehr Kreisler von seinen Musikerkolleg:innen in New York geschätzt wurde, zeigt eine Einladung der sogenannten „the Bohemians", des 1907 gegründeten New York Musicians' Club[183], der am 22. Dezember 1940 zu Ehren des Geigers ein Abendessen im Hotel Waldorf Astoria organisierte. Das Who's who der New Yorker Musikszene sowie zahlreiche emigrierte Musiker:innen, wie Adolf Busch, Emanuel Feuermann oder Lotte Lehmann, waren eingeladen.[184]

Ab 1941 bemühte sich Kreisler um die amerikanische Staatsbürgerschaft. Die dafür notwendige offizielle Absichtserklärung (Declaration of Intention) reichte er am 27. März bei den Behörden ein.[185]

Seinem Antrag wurde nach über zwei Jahren schließlich stattgegeben und die offizielle Einbürgerung erfolgte am 8. Mai 1943.[186]

Einen Einschnitt in Kreislers Karriere brachte sein schwerer Unfall im April 1941. Beim Überqueren der Madison Avenue wurde der Virtuose von einem Lieferwagen erfasst und erlitt schwere Kopfverletzungen, die für einige Zeit sein Gedächtnis sowie sein Hör- und Sehvermögen beeinträchtigten.

Nach der mehrmonatigen Rekonvaleszenz nahm er seine Auftrittstätigkeit in eingeschränkter Form wieder auf. Das erste Konzert in der Carnegie Hall nach seiner Genesung fand am 1. November 1942 statt. Laut *New York Times* begrüßte das Publikum den Künstler mit enthusiastischen Ovationen und seine Darbietungen der Werke Bachs und Mozarts fanden große Zustimmung.[187] Trotz starker Vorbehalte gegen das Medium Radio erklärte sich Kreisler ab dem Sommer 1944 schließlich doch bereit, Konzerte im Rundfunk zu geben. Obwohl er der Überzeugung war, dass die fehlende Verbindung zum Publikum die künstlerische Qualität seines Vortrags vermindern würde, entschloss er sich wegen seiner gesundheitlichen Probleme zu diesem Schritt. Kreislers öffentliche Konzerttätigkeit endete 1949. Danach konnte man ihn live nur noch in Rundfunksendungen hören (bis 1950).

Eine weitere Folge des Unfalls dürfte auch ein deutlicher Rückgang in seiner kompositorischen Produktivität gewesen sein. Die einzige bekannte Originalkomposition aus der Zeit des Exils in New York ist die *Viennese Rhapsodic Fantasietta* für Violine und Orchester, die Kreisler 1941 begann und

---

183 Die Organisation wurde im April 1907 von Rubin Goldmark, Raphael Joseffy, Bruno Oscar Klein, August Fraenke, Hugo Grunwald, Paolo Gallico und Sigmund Herzog gegründet und besteht bis heute. Vgl. Henry Edward Krehbiel, *The Bohemians. New York Musicians' Club. A Historical Narrative and Record*, New York 1921, 7–11.

184 Sitzordnung des Abendessens zu Ehren Fritz Kreislers, Privatsammlung John Maltese; Der Geiger Adolf Busch konnte an dem Essen aus gesundheitlichen Gründen nicht teilnehmen. Vgl. Tully Potter, *Adolf Busch. The Life of an Honest Musician*, vol. 2, London 2010, 726.

185 *United States of America. Declaration of Intention. Fritz Kreisler*, 27. 3. 1941, Music Division, Library of Congress, Washington, D. C. (Fritz Kreisler Collection).

186 *United States of America. Naturalization Certificate. Fritz Kreisler*, 8. 5. 1943, Music Division, Library of Congress, Washington, D. C. (Fritz Kreisler Collection).

187 Vgl. „Fritz Kreisler receives ovation at first recital since accident", in: *New York Times*, 1. 11. 1942, 54.

„United States of America, Declaration of Intention", erstes Antragsformular bezüglich US-Einbürgerung von Fritz Kreisler, 27. 3. 1941 © US-Wc

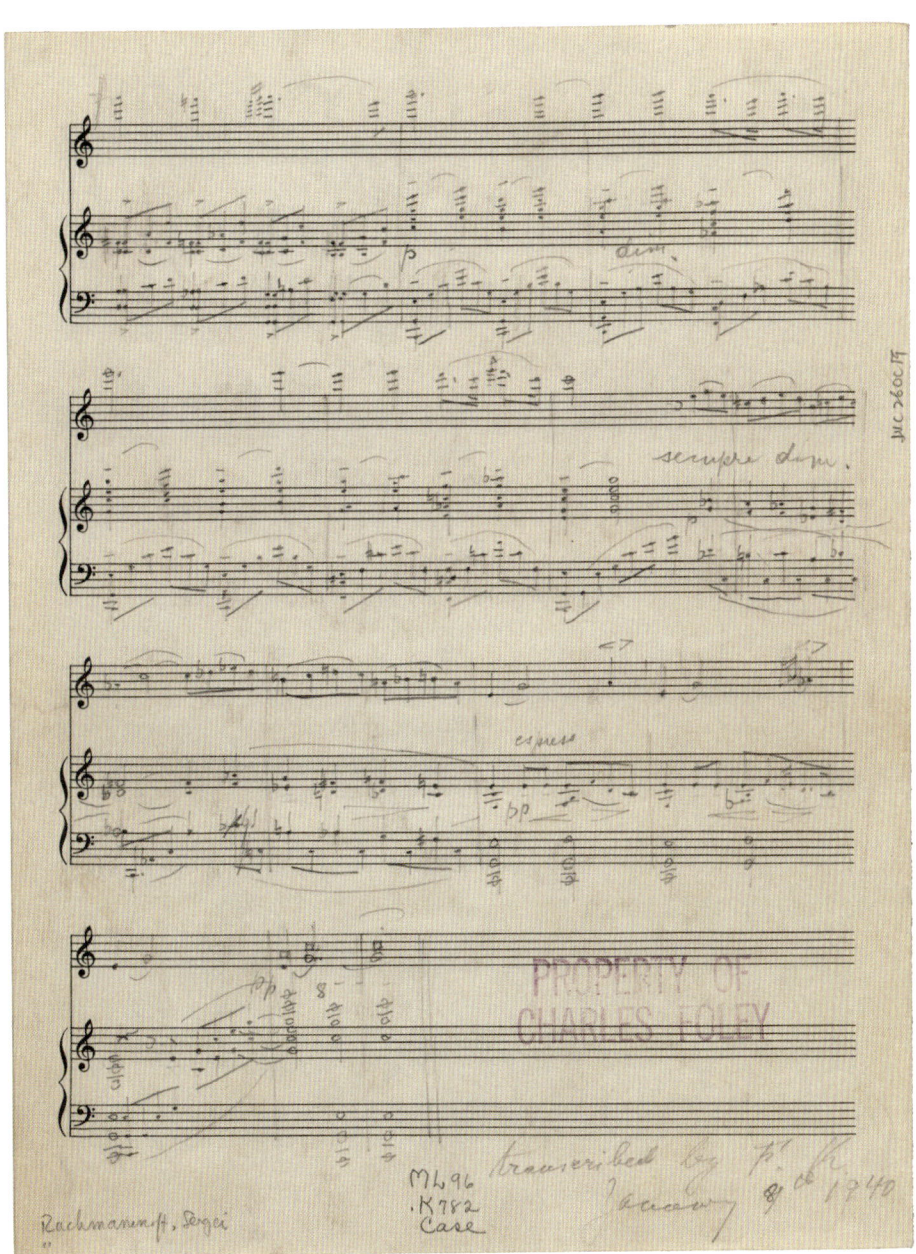

Fritz Kreisler, *Preghiera* (Gebet), Bearbeitung von Sergei Rachmaninoffs 2. Klavierkonzert, 2. Satz, Handschrift, transkribiert von Kreisler, datiert 9. 1. 1940 © US-Wc

erst nach seiner langwierigen Genesung fertigstellen konnte. Das Werk ist eine tragisch-nostalgische Hommage an seine Geburtsstadt Wien, geschrieben vor dem Hintergrund des Krieges und des Verlustes seiner Heimat. Erste Aufführungen des Werks spielte Kreisler mit großem Erfolg 1942 im Palace Theatre in Albany und in der Carnegie Hall. Weiters entstand eine Bearbeitung des langsamen Satzes von Sergei Rachmaninows zweitem Klavierkonzert für Violine und Klavier (*Preghiera*, 1940).

Auch eine Transkription des Cembalokonzerts in d-Moll von Johann Sebastian Bach wurde in der Presse als neue Bearbeitung des Virtuosen erwähnt. Die Operette *Rhapsody*, für die Kreisler seine Musik zu *Sissy* zur Verfügung gestellt hatte, wurde leider am Broadway zu einem Misserfolg. Wie in der Presse zu lesen war, hatte dies aber nichts mit Kreislers Musik zu tun, sondern wurde ausschließlich auf die schlechte Produktion des Werks zurückgeführt. Die *New York Times* kommentierte, dass mit Ausnahme der Musik an der neuen Operette praktisch alles falsch sei, was man nur falsch machen könne.[188]

Auch nach dem Krieg setzte sich Kreisler für wohltätige Zwecke ein. 1949 ließ er seine wertvolle Büchersammlung, die erst nach aufwendigen Bemühungen von London nach New York gebracht werden konnte, zugunsten des Lenox Hill Hospital und der Golden Rule Foundation versteigern.

Eine verstärkte Auseinandersetzung mit dem jüdischen Glauben aufgrund der Exilsituation, wie man sie bei zahlreichen vom NS-Regime Vertriebenen beobachten konnte, fand bei Fritz Kreisler nicht statt. 1947 bekannten sich sowohl Kreisler als auch seine protestantische Ehefrau in New York zum Katholizismus und Harriet Kreisler beteuerte auch bei dieser Gelegenheit wiederholt den angeblichen katholischen Hintergrund beider Familien. Für eine Taufe Kreislers gibt es bisher keinen Beleg und die Israelitische Kultusgemeinde Wien führte ihn bis zu seinem Tod als Mitglied.[189]

Nahezu blind und taub starb er 1962 an einer Herzerkrankung. Die Todesnachricht löste zahlreiche Nachrufe in der amerikanischen Presse aus. Die *New York Times* bezeichnete ihn als „größten Solisten des 20. Jahrhunderts".[190] Kreisler ist am Woodlawn Cemetery in New York begraben. Nach Europa kehrte er nach seiner Emigration nie wieder zurück.

---

188 Vgl. „Fritz Kreisler's tunes offer the only good deeds to pretty dismal playing of 'Rhapsody'", in: *New York Times*, 23. 11. 1944, 37.
189 Geburtsbuch für die Israelitische Kultusgemeinde in Wien, Archiv der Israelitischen Kultusgemeinde Wien.
190 „Fritz Kreisler, violinist, dead", in: *New York Times*, 30. 1. 1962, 33.

Nobuko Nakamura, Ulrike Anton

KREISLER UND WIEN

Fritz (Friedrich Max) Kreisler wurde am 2. Februar 1875 als drittes Kind einer jüdischen Familie in der Großen Schiffgasse 21 in der Wiener Leopoldstadt= geboren.[191] Seinen ersten Geigenunterricht erhielt er von seinem Vater, Samuel Kreisler, der Hobbygeiger war. Im Alter von sieben Jahren trat er in das Conservatorium der Gesellschaft der Musikfreunde in Wien (heute: mdw – Universität für Musik und darstellende Kunst Wien) ein, studierte bei Joseph Hellmesberger jun. und besuchte den Theorieunterricht von Anton Bruckner.[192] Er widmete Hellmesberger seine *Fantasie für Violine und Klavier* in seiner schönen Handschrift.[193] Am Ende seines dreijährigen Studiums wurde Kreisler einstimmig eine Goldmedaille zuerkannt.

1898 interpretierte er bei seinem Debüt mit den Wiener Philharmonikern das zweite Violinkonzert von Max Bruch.[194]

Ein Probespiel an der Wiener Hofoper, das er zwei Jahre zuvor absolviert hatte, war gescheitert, weil Kreisler schlecht vom Blatt spielen könne und kein Rhythmusgefühl habe.[195] Bemerkenswert ist, dass Kreisler bereits 1891 ein Bewerbungsschreiben an die Wiener Philharmoniker mit dem Angebot geschickt hatte, Bruchs Konzert als Solist aufzuführen.[196]

Die Nachricht vom Ausbruch des Ersten Weltkriegs erreichte das Ehepaar Kreisler bei einem Urlaubsaufenthalt in der Schweiz. Als österreichischer Reserveoffizier folgte Kreisler sofort dem Einberufungsbefehl; seine Frau Harriet meldete sich als Pflegerin zum Dienst in Lazaretten. Gleich zu Beginn des Krieges wurde Kreisler an der russischen Front verwundet und übersiedelte nach seiner Genesung im November 1914 nach New York. Die Ereignisse um Kreislers Kriegseinsatz erregten große Aufmerksamkeit in den österreichischen, deutschen und

---

191 Vgl. Geburtsbuch für die Israelitische Kultusgemeinde in Wien, Archiv der Israelitischen Kultusgemeinde Wien.

192 Vgl. Matrikel von Fritz Kreisler, Archiv, Bibliothek, Sammlungen der Gesellschaft der Musikfreunde in Wien.

193 Fritz Kreisler, *Fantasie für Violine und Klavier*, Handschrift mit der Widmung an Joseph Hellmesberger jun., datiert 19. 3. 1883, Music Division, Library of Congress, Washington, D. C. (Fritz Kreisler Collection).

194 Vgl. Programmzettel vom Abonnement-Konzert der Wiener Philharmoniker mit Fritz Kreisler als Solist, 23. 1. 1898, Historisches Archiv der Wiener Philharmoniker, Wien; Auf dem Programmzettel steht Hans Richter als Dirigent, aber am Tag zuvor schrieb Kreisler auf einer Postkarte: „Richter leider morgen verhindert" (Postkarte von Fritz Kreisler an Karl Redlich vom 22. 1. 1898, Privatsammlung John Maltese), und in den Kritiken über das Konzert ist Richters Name nirgendwo zu finden. Daher ist es unsicher, ob Richter tatsächlich dieses Konzert tatsächlich dirigierte.

195 Vgl. Alfred Planyavsky, „Die Wiener Streicherschule", in: Otto Biba und Wolfgang Schuster (Hg.), *Klang und Komponist. Ein Symposion der Wiener Philharmoniker*, Tutzing 1992, 211–260, hier 249.

196 Vgl. Brief von Fritz Kreisler an das Komitee der Wiener Philharmoniker vom 5. 10. 1891, Historisches Archiv der Wiener Philharmoniker, Wien.

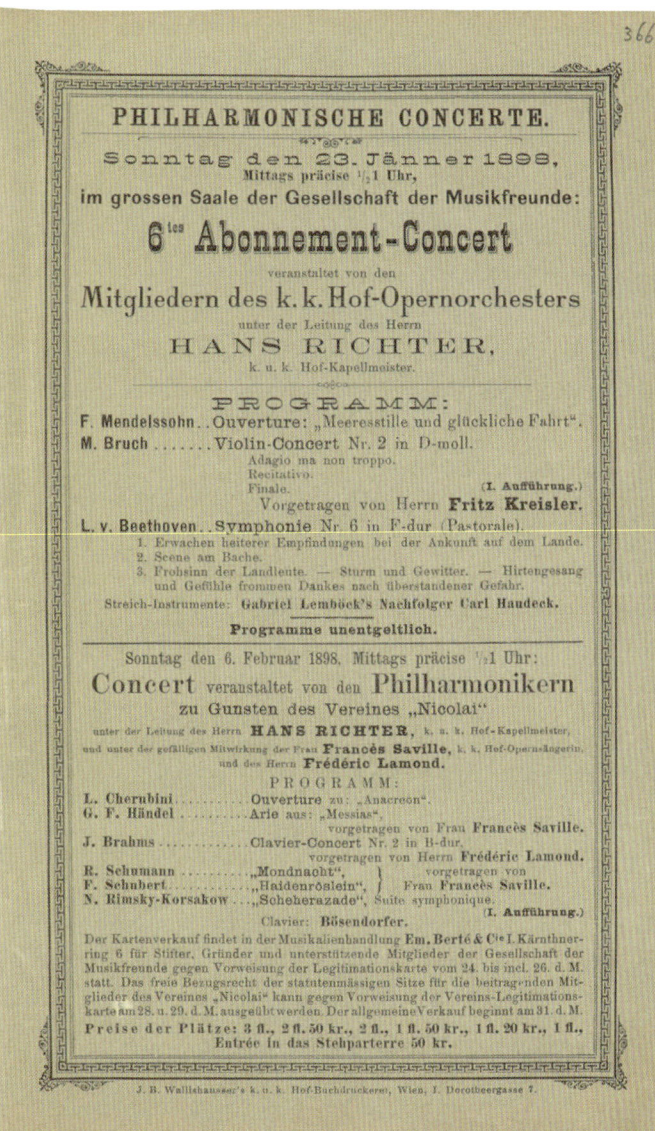

Postkarte von Fritz Kreisler an Karl Redlich
über die Probe des Konzerts mit den Wiener
Philharmonikern, 22. 1. 1898 © JM

Programmzettel vom Abonnementkonzert
der Wiener Philharmoniker mit Fritz Kreisler
als Solist, 23. 1. 1898 © A-Wph

Brief von Fritz Kreisler an das Komitee der Wiener
Philharmoniker, 5. 10. 1891 © A-Wph

GZ 1585

Löbliches Comité
der Philharmoniker
zu Wien!

Ergebenst Gefertigter
erlaubt sich hiemit das
höfliche Ansuchen zu stellen,
ihm die Ehre zu geben
in einem der philhar-
monischen Concerte eine
Novität nämlich Max
Bruch's zweites Violin-
concert in D Moll zum
Vortrage zu bringen.
Ueber die Novität selbst,
so wie über meine Leistung
kann k. k. Concertmeister Prof.
Grün Auskunft geben,
der das Concert von mir
gehört hat. Bin auch bereit
auf Verlangen dasselbe

einem löblichen Comité
vorzuspielen.

Hochachtungsvoll
Fritz Kreisler
II. Große Schiffgasse #21

Wien den 5˙ Oktober 1891

Fritz Kreisler, *Four Weeks in the Trenches*, Erstausgabe, 1915, Schutzumschlag © JM

amerikanischen Zeitungen. In der US-Berichterstattung wurde besonders hervorgehoben, dass er ein Künstler sei, der über den politischen Ereignissen stehe.[197] Aufgrund des großen öffentlichen Interesses veröffentlichte Kreisler 1915 in New York einen ausführlichen Bericht unter dem Titel *Four Weeks in the Trenches. The War Story of a Violinist* (Vier Wochen im Schützengraben. Die Kriegsgeschichte eines Geigers), in dem er seine persönlichen Kriegserlebnisse darstellte.

Kreisler nahm seine Konzerttätigkeit rasch nach der Ankunft in den USA wieder auf und absolvierte zahlreiche Wohltätigkeitsauftritte für Kriegsopferfamilien und in Not geratene deutsche und österreichische Musiker:innen. Nach dem Kriegseintritt der USA 1917 wurden diese Aktivitäten des gefeierten Stars jedoch äußerst negativ beurteilt, was Kreisler schließlich dazu bewegte, kaum mehr aufzutreten und sich stattdessen bis zum Kriegsende nur noch dem Komponieren zu widmen. Seine fulminante Rückkehr als Geigenvirtuose feierte er im Oktober 1919 in der New Yorker Carnegie Hall. Auch in England und Frankreich kehrte er auf die großen Bühnen zurück und konnte somit ab Mitte der 1920er-Jahre nahtlos an seine großen internationalen Erfolge anknüpfen.

Trotz Kreislers Weltkarriere – er hatte mehrere Wohnsitze (unter anderem Berlin und New York) – blieb Wien ein wichtiger Ort für ihn. Er komponierte die Operette *Sissy* über die Liebe von Kaiserin Elisabeth und Kaiser Franz Joseph. Dieses Werk, das in Nostalgie für die ehemalige Donaumonarchie schwelgt, hatte am 23. Dezember 1932 im Theater an der Wien Premiere und wurde zu einem großen Erfolg. Kreisler verwendete dabei seine früheren Werke, darunter *Liebesfreud* und *Liebesleid*. Die Titelrolle schrieb er für die Starsängerin Marta Eggerth, die 1939 mit ihrem Mann Jan Kiepura auch in die USA immigrieren sollte. Sie erarbeitete die Partie über einen Zeitraum von mehreren Monaten gemeinsam mit Kreisler in seiner Berliner Villa, musste aber aufgrund eines Vertrags mit ihrer Filmproduktionsfirma das Vorhaben aufgeben. Stattdessen spielte sie die Hauptrolle im Film *Where Is This Lady?* (Musik: Franz Lehár). Ihren Part in der Operette *Sissy* übernahm Paula Wessely. Auch in New York verkehrten Eggerth und Kreisler bis zu seinem Lebensende miteinander.[198]

Zu seinem 60. Geburtstag verlieh die Stadt Wien Kreisler 1935 den Ehrenring. Interessant ist, dass Kreisler, als er anlässlich dieser Feier und seines Besuchs der *Sissy*-Premiere in Wien seine Meldezettel ausfüllen musste, sich beide Male als US-Staatsbürger deklarierte.[199] Damals hatte er noch einen österreichischen Pass, seine amerikanische Staatsbürgerschaft bekam er allerdings erst 1943. Die Vermutung liegt nahe, dass er sich bereits zu diesem Zeitpunkt mit der politischen Lage in Österreich unwohl gefühlt haben könnte. Als man ihm 1959 den Dr.-Karl-Renner-Preis zuerkannte – sein emigrierter Kollege Bruno Walter, der Dirigent, erhielt dieselbe Auszeichnung –, blieb er der Verleihung fern. Nach dem Zweiten Weltkrieg kehrte er nicht einmal mehr nach Europa zurück. Ob er nicht in seine Heimat zurückkehren wollte oder er für eine Rückkehr einfach zu alt war, ist nicht bekannt.

---

197 Vgl. „Kreisler, wounded, tells of war as he saw it", in: *New York Times*, 29. 11. 1914.
198 Vgl. Memorandum von Marta Eggerth, Kiepura-Eggerth Estate, New York.
199 Vgl. Meldezettel für Reisende, Fritz Kreisler, Wien, 16. 12. 1932 und 3. 2. 1935, Wiener Stadt- und Landesarchiv.

Alles in allem stellt Kreisler für uns Geiger die wichtigste Erscheinung seit Ysaÿes Niedergang dar. In der Geschichte des Violinspiels wird er nicht nur als genialer Anreger und Erweiterer des Bestehenden, sondern auch als wertvolles Symbol einer ganzen Epoche weiterleben.

Carl Flesch

in: Carl Flesch, *Erinnerungen eines Geigers*, Zürich 1960

Kreisler has been the most important figure for us violinists since Ysaÿe's decline. In the history of violin playing he will live not only as an artist whose genius stimulated and expanded the art, but also as a most valuable symbol of a whole epoch.

Carl Flesch

in: Carl Flesch, *The Memoires of Carl Flesch*, trans. by Hans Keller, London 1957

Nobuko Nakamura

KREISLER UND SEIN SOZIALES ENGAGEMENT

„Fritz Kreisler in Ostasien. Auch dort stellt der große Geiger seine Kunst in den Dienst der Wohltätigkeit"[200] – die Zeitungsschlagzeile aus dem Jahr 1923 belegt, dass Fritz Kreisler als Philanthrop bekannt war.

Kreisler besuchte Europa im Sommer 1920 mit seiner Frau Harriet zum ersten Mal nach dem Ersten Weltkrieg. In Wien wurde seine Heimkehr bereits vor seiner Anreise mit der Nachricht angekündigt, dass er und seine Frau bisher seine Heimat auf großzügige Weise unterstützt hatten.[201] Darunter fiel eine Spende für eine Aktion des American Milk Distributing Committee, bei der 275.000 Wiener Kinder Milch erhielten.[202] Harriet galt sogar als amerikanische Aktivistin bei der Kinderfürsorge in Österreich. Auch die Wiener Philharmoniker und andere Künstler:innen erhielten finanzielle Förderungen von Kreisler.[203]

Die Hilfsbereitschaft von Fritz und Harriet Kreisler setzte sich auch während und nach dem Zweiten Weltkrieg fort.

Nachdem Kreisler in den 1940er-Jahren mehrere Geigen aus seiner Sammlung verkauft hatte, versteigerte er im Jänner 1949 in New York auch seine seltenen historischen Bücher (etwa aus dem 15. Jahrhundert) und Manuskripte (unter anderem eine Originalpartitur von Brahms' Violinkonzert). Der Erlös aus dem Verkauf wurde zugunsten kranker und bedürftiger Kinder gespendet.[204]

Auch fernab der Medien setzte sich Kreisler für seine Mitmenschen ein und leistete finanzielle Unterstützung. „Onkel Fritz" schickte den entfernten deutschen Verwandten von Harriet zahlreiche CARE-Pakete mit Lebensmitteln und Kleidung. Anlässlich dieser Ausstellung im Exilarte Zentrum wurden mehr als 300 unveröffentlichte Briefe von Fritz Kreisler als Schenkung an das Archiv des Zentrums übergeben. In einem davon berichtet Kreisler, dass viele Frauen in New York Hosen statt Röcken tragen, und legt Zeitschriftenausschnitte mit Models in Hosen bei. Er schreibt weiter: „Mit gleicher Luftpost sende ich Dir eine Anzahl Stoffproben für Frauen- und Männerkleider oder Mäntel. Vergleichet und schreibet was und für wen gewünscht wird. Nicht vergessen, was gewünscht wird geht dem Empfänger komplett mit allem Zu-

---

200 *Sonntagsblatt Staats-Zeitung und Herold*, New York 24. 6. 1923, 1, Archiv des Exilarte Zentrum, Wien.
201 Vgl. u. a. „Fritz Kreisler auf dem Heimwege", in: *Neues Wiener Tagblatt*, 18. 6. 1920, 7.
202 Vgl. „Feed 275,000 children", in: *New York Times*, 31. 1. 1920, 7; „Die amerikanische Hilfe für Wien", in: *Neues Wiener Tagblatt*, 12. 6. 1920, 5.
203 Vgl. „Fritz Kreisler für die Philharmoniker-Pensionisten", in: *Neues Wiener Tagblatt*, 24. 7. 1920, 19.
204 „Kreislers Bücher helfen Kindern", in: unbekannte Zeitung, o. D.[Jänner 1949], Archiv des Exilarte Zentrum, Wien.

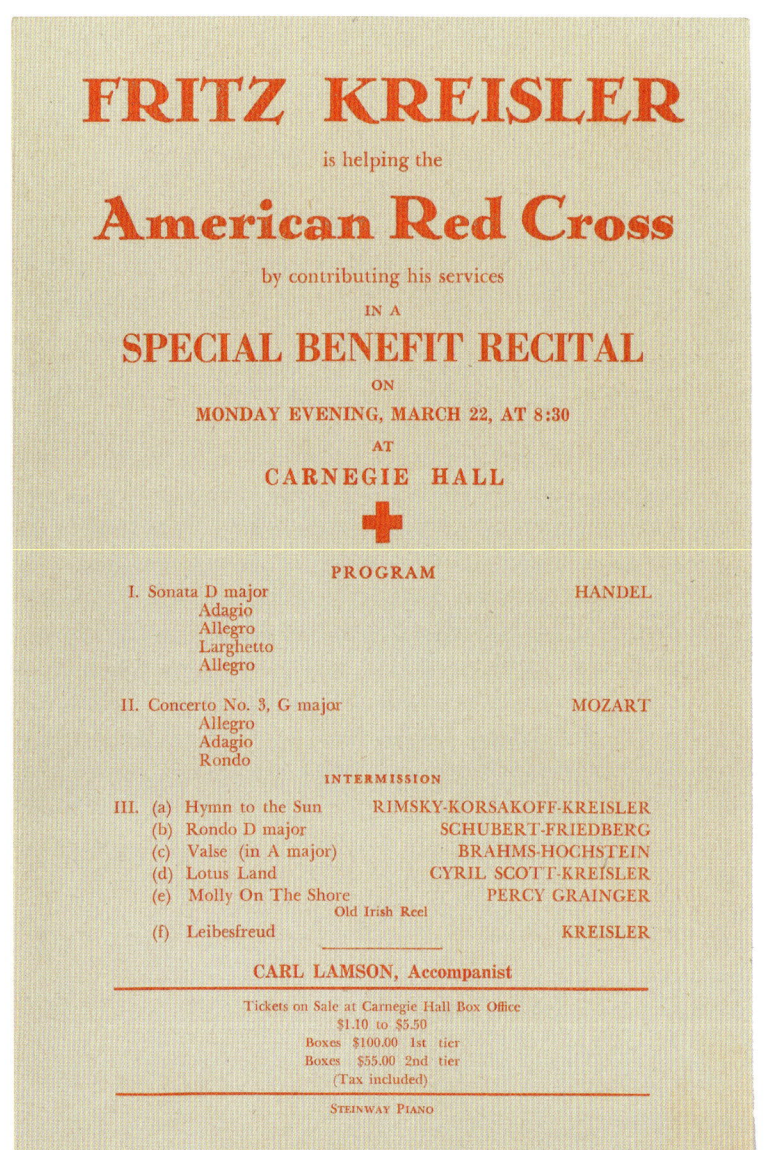

Programm von einem Benefizkonzert, Carnegie Hall, New York 22. 3. 1943 © US-NYcha

behör zu[,] so dass bei euch nur Schneiderlohn zu entrichten ist. In aller Eile, Dein Fritz"[205]

Die genannten Stoffproben sind in der Ausstellung zu sehen. Es waren nicht nur die Familie der Harriets Verwandte, die die Kreislers CARE-Pakete erhielten, sondern auch viele anderen Menschen. Laut der Schenkungsgeberin wurden eine fünfköpfige Flüchtlingsfamilie und ein Ehepaar, die in der Nachkriegszeit im Haus der Verwandten Zuflucht fanden, aus den Paketen mitversorgt. Während der Vorbereitung der Ausstellung waren wir von Kreislers außergewöhnlicher Menschlichkeit zunehmend beeindruckt, die sich nicht zuletzt in den 300 unveröffentlichten Briefen zeigt.

Brief von Fritz Kreisler an eine deutsche Verwandte von Harriet mit Stoffproben vom Kaufhaus Macy's, 29. 9. 1948, in der Ausstellung © Stephan Polzer

[205] Brief von Fritz Kreisler an eine deutsche Verwandte vom 29. 9. 1948, Archiv des Exilarte Zentrum, Wien.

Wolfgang Amadeus Mozart, 3. Violinkonzert, KV 216, herausgegeben von Carl Flesch, Klavierauszug von Ignaz Strasfogel, Leipzig 1930; teilweise mit Änderungen von Fritz Kreisler überklebt © US-Wc

Ulrike Anton, Michael Haas

VOM NS-REGIME VERFOLGTE GEIGENVIRTUOS:INNEN

Zahlreiche Kolleg:innen von Fritz Kreisler waren wegen ihrer jüdischen Herkunft und ihrer politischen Haltung zur Flucht gezwungen oder wurden im Holocaust ermordet. Die folgenden Persönlichkeiten standen mit Kreisler in Verbindung, interpretierten seine Werke und bewunderten seine Virtuosität. Sie stehen hier stellvertretend für die Gruppe von Interpret:innen, deren Leben durch den gravierenden Einschnitt der NS-Verfolgung eine tragische Wendung nahm.

Als „Wegweiser zum modernen Geigenspiel"[206] bezeichnete der in Ungarn geborene Geiger und berühmte Pädagoge **Carl Flesch** seinen Kollegen. Auch Kreisler schätzte Flesch sehr und verwendete dessen Noteneditionen für seine Konzerte.[207] Als Flesch 1940 in Holland von den Nazis verhaftet wurde, schickte ihm Kreisler ein Affidavit (Bürgschaft) für die USA.[208] In Fleschs 1957 publizierten Erinnerungen beschrieb er Kreislers Geigentechnik und seine Interpretationen.[209] Der Geiger und Komponist **Adolf Busch**, ehemaliger Konzertmeister des Wiener Concertvereins (heute: Wiener Symphoniker) und internationaler Solist, teilte Kreislers Immigrant:innenschicksal in New York, wo er weiterhin mit ihm in Kontakt blieb. Der polnische Geiger **Bronisław Huberman** zählte zu den bedeutendsten Violinsolist:innen in Kreislers Generation und gründete 1935 das Palestine Symphony Orchestra (heute: Israel Philharmonic Orchestra), wodurch er unzählige Musiker:innen vor dem Holocaust bewahren konnte. 1937 erwarb er Kreislers Stradivari von 1733. Die Geige ist heute als „Huberman, Kreisler"-Stradivari bekannt. Mit **Arnold Rosé**, dem langjährigen Konzertmeister der Wiener Philharmoniker, der 1939 zur Flucht nach London gezwungen war, kam Kreisler schon in jungen Jahren in Kontakt. Rosés Violinspiel hatte großen Einfluss auf Kreislers Geigenstil.

Viele Interpret:innen hatten Kompositionen von Fritz Kreisler in ihrem Konzertrepertoire. **Rudolf Kolisch**, der vor allem für seine Bemühungen um die Werke Schönbergs bekannt war, spielte Kreislers Musik regelmäßig in seinen Konzerten. Der 1939 nach Schanghai geflüchtete Geiger **Ferdinand Adler** brachte mit seinen Aufführungen von *Caprice Viennois* und *Tambourin Chinois* ein Stück Wiener Musiktradition in das chinesische Exil.[210] Die Violinsolistin **Alma Rosé**, Tochter von Arnold Rosé, ließ Werke von Fritz Kreisler für ihr 1932

---

206 Carl Flesch, *Erinnerungen eines Geigers*, Zürich 1960, 25.
207 Wolfgang Amadeus Mozart, 3. Violinkonzert, KV 216, hg. von Carl Flesch, Leipzig 1930, Music Division, Library of Congress, Washington, D. C. (Fritz Kreisler Collection).
208 Brief bzgl. Affidavit für Carl Flesch von Fritz Kreisler an Ruth Willian, 28. 12. 1940, Privatsammlung John Maltese.
209 Vgl. Carl Flesch, *The Memoires of Carl Flesch*, übers. von Hans Keller, London 1957; Flesch 1960, wie Anm. 207.
210 Vgl. Konzertprogramm, Shanghai 10. 9. 1941, Archiv des Exilarte Zentrum, Wien.

gegründetes Frauen-Salonorchester „Die Wiener Walzermädeln" arrangieren und führte sie auch bei ihren Europatourneen regelmäßig auf. Nach ihrer Verhaftung durch die Gestapo leitete Alma Rosé das Mädchenorchester von Auschwitz, wo sie 1944 ums Leben kam. Die Wiener Geigerin **Erika Morini**, die als Wunderkind galt, emigrierte 1938 nach New York. Sie spielte regelmäßig Kreislers Kompositionen und nahm sie für RCA Victor Records auf, das gleiche Label, bei dem auch Fritz Kreisler unter Vertrag war. Morini trat 1962 bei Kreislers Gedenkkonzert in der Carnegie Hall auf.

Alexander Schneider und Fritz Kreisler, New York ca. 1950; Der Geiger Alexander Schneider (Vilnius, 1908–1933, New York) war Mitglied des Budapest-Quartetts und befand sich ab 1939 im Exil in New York. © US-Wc

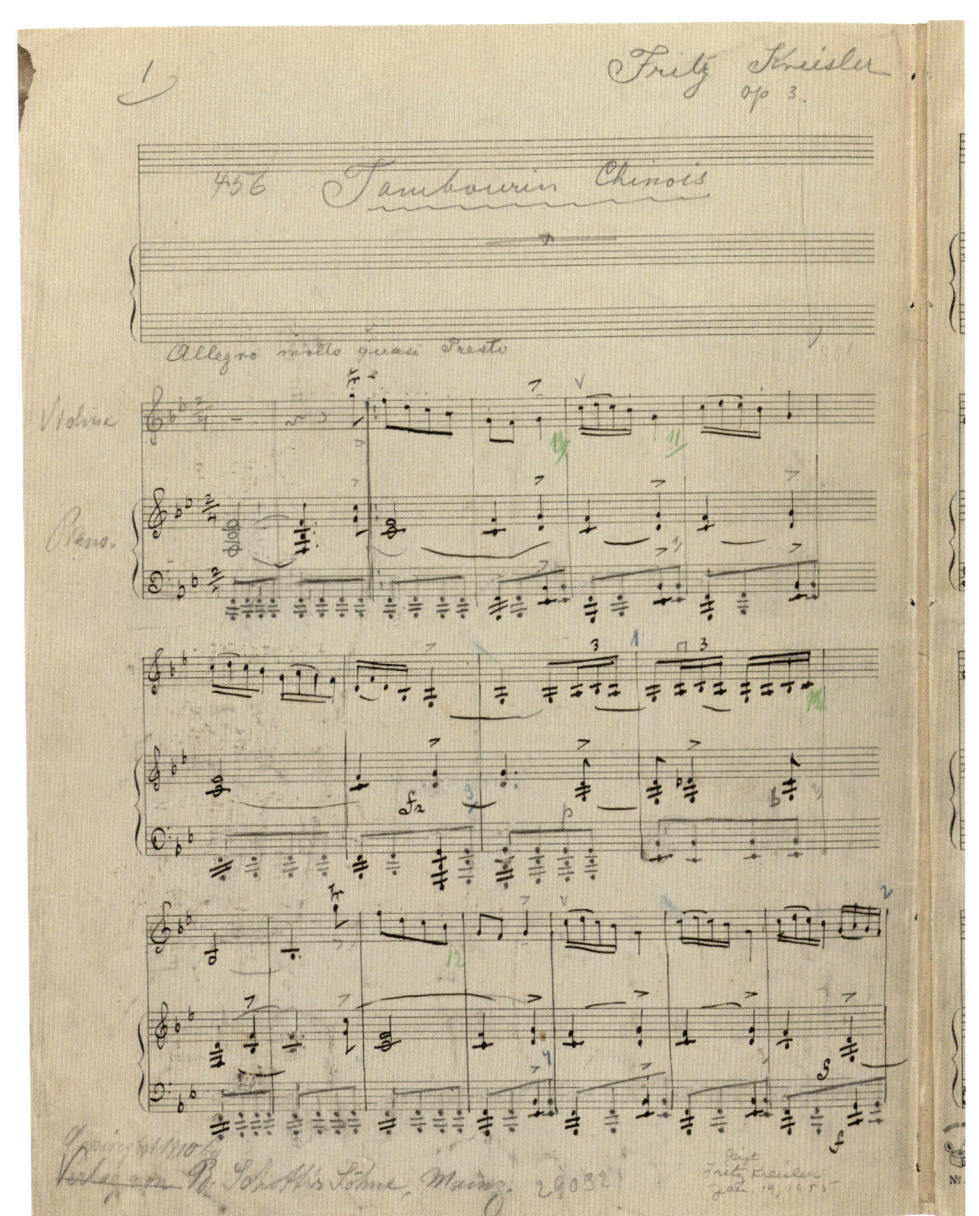

Fritz Kreisler, *Tambourin Chinois* Op. 3, Handschrift, undatiert © US-Wc

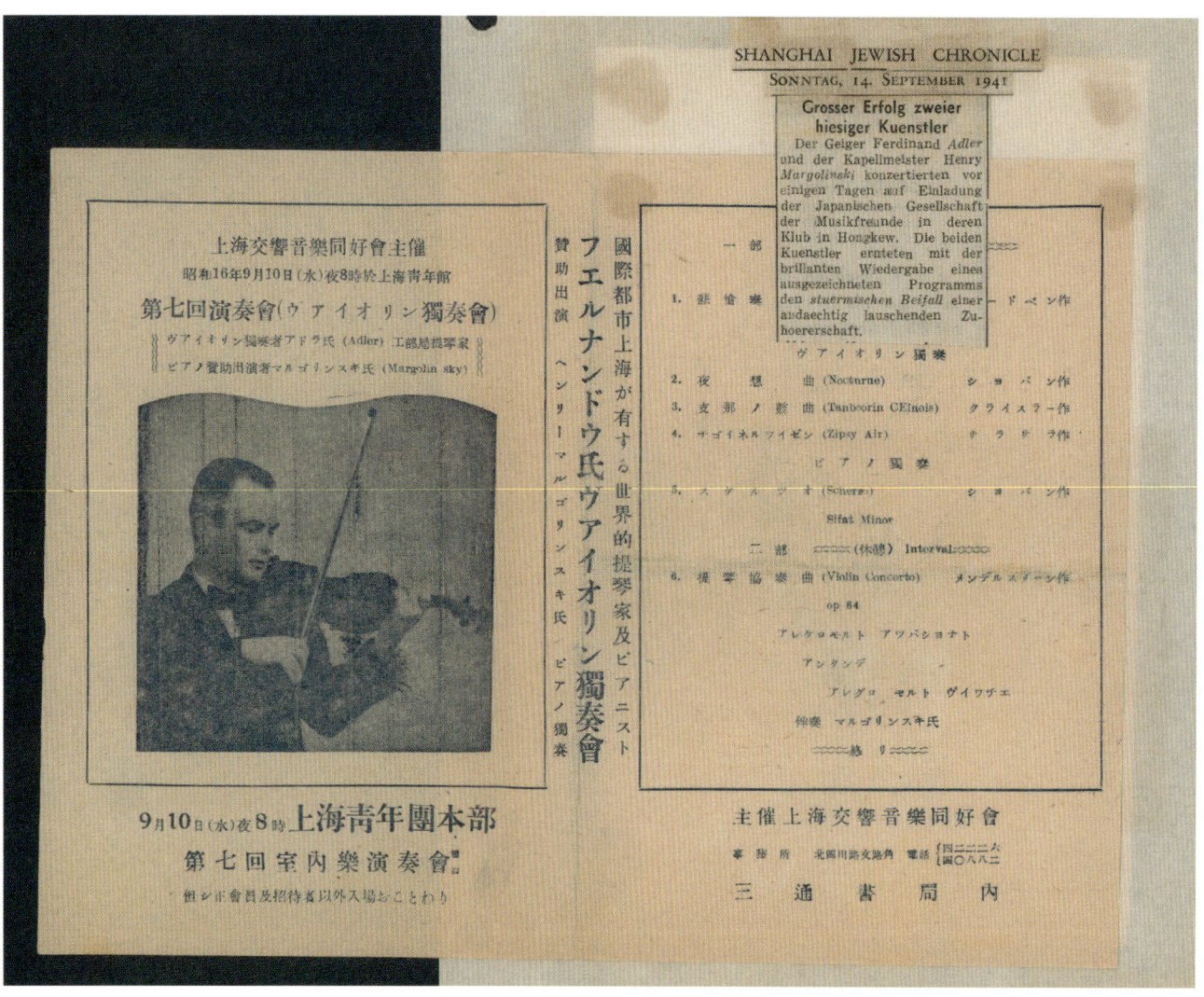

Konzertprogramm, Shanghai 10. 9. 1941; dieses Konzert wurde von der Japanischen Gesellschaft der Musikfreunde in Shanghai organisiert. Der 1939 geflüchtete Geiger Ferdinand Adler spielte *Tambourin chinois*. © A-Weaz

Ferdinand Adler

Klausenburg (heute: Cluj-Napoca, Rumänien), 1903–1952, Wien

Ferdinand Adler erhielt seine musikalische Ausbildung zunächst in Budapest und ab Herbst 1923 an der mdw in der Violinklasse von Gottfried Feist. Sein erstes berufliches Engagement führte ihn nach Bad Ischl, wo er als Konzertmeister des örtlichen Kurorchesters wirkte. Später arbeitete Adler als Orchestermusiker in Luzern und war auch regelmäßig als Kammermusiker tätig. Nach dem sogenannten „Anschluss" wurde Adler als Jude in Wien verhaftet und ins KZ Dachau verschleppt, wo er bis Mai 1939 inhaftiert blieb. Noch im selben Jahr gelang ihm die Immigration nach Schanghai. Mit seinen zahlreichen Auftritten als Solist und Kammermusiker bereicherte er das dortige Musikleben und avancierte zu einem der berühmtesten Musiker:innen der Stadt. Man ernannte ihn zum Konzertmeister des Schanghai Municipal Orchestra und zum Professor für Violine am Schanghai National Conservatory of Music. Nach seiner Rückkehr nach Wien im Jahr 1947 konnte Adler seine musikalische Karriere wieder aufnehmen und wurde schließlich Konzertmeister des Wiener Staatsopernorchesters in der Volksoper, dem Ausweichquartier der Staatsoper. Adler verstarb 1952 während einer Probe an einem Herzinfarkt.

Amadeus-Quartett

Siegmund Nissel: München, 1922–2008, London;
Peter Schidlof: Gollersdorf/Niederösterreich, 1922–1987, Sunderland/Cumbria;
Norbert Brainin: Wien, 1923–2005, London

Siegmund Nissel, Sohn österreichischer Eltern, kam als Neunjähriger nach Wien und gelangte 1938 wie Peter Schidlof mit einem Kindertransport nach England. Auch Norbert Brainin gelang im selben Jahr die Flucht nach Großbritannien. 1940 wurden alle drei als „enemy aliens" interniert und trafen in verschiedenen Lagern aufeinander. Sie wurden Schüler bei Max Rostal. Mit dem englischen Cellisten Martin Lovett gründeten sie 1946 ein Streichquartett, das ab 1948 unter dem Namen Amadeus-Quartett auftrat. Mit über 200 Aufnahmen und unzähligen Konzerten wird bei diesem Ensemble der exilbedingte kulturelle Transfer von Wien sichtbar.

Busch-Quartett

Adolf Busch: Siegen, Deutschland, 1891–1952, Guilford/Vermont;
Fritz Busch: Siegen, 1890–1951, London;
Hermann Busch: Siegen, 1897–1975, Bryn Mawr/Pennsylvania

Adolf Busch absolvierte sein Violin- und Kompositionsstudium in Köln. 1912 wurde er Konzertmeister des Wiener Concertvereins (heute: Wiener Symphoniker). Ein Jahr später gründete er das Busch-Quartett gemeinsam mit seinem Bruder, dem berühmten Dirigenten Fritz Busch. Von 1918 bis 1922 war Adolf Busch Professor für Violine an der Berliner Musikhochschule. Er konzertierte mit berühmten Dirigenten wie Arturo Toscanini, Bruno Walter oder Wilhelm Furtwängler. Von 1927 bis 1939 arbeitete er in Basel und unterrichtete u. a. Yehudi Menuhin. Als Gegner der Nationalsozialist:innen trat er ab 1933 nicht mehr in Deutschland auf und immigrierte 1939 in die USA. Mit seinem Bruder, dem Cellisten Hermann Busch und dem Pianisten Rudolf Serkin, der ebenfalls vor dem NS-Regime geflüchtet war, gründete er das Busch-Serkin-Trio. Das von ihm und Serkin gegründete Marlboro Music Festival in Vermont hat bis heute Bestand.

Carl Flesch

Wieselburg-Moson (heute: Mosonmagyaróvár, Ungarn), 1873–1944, Luzern

Flesch studierte ab 1886 bei Jakob Grün an der mdw, obwohl er seine ersten Konzerterfolge bereits 1885 in Wien und Berlin gefeiert hatte. 1908 übersiedelte der Geiger von Berlin nach Bukarest, in der Hoffnung, eine Anstellung an der Akademie zu erlangen. Mit Artur Schnabel und dem Cellisten Jean Gérardy, später mit Hugo Becker, gründete er ein hoch angesehenes Trio. Auch das Duo Flesch-Schnabel verzeichnete Erfolge. Flesch wurde 1924 Gründungsmitglied des Curtis Institute in Philadelphia und 1928 Professor in Berlin. 1935 flüchtete er vor dem NS-Regime nach London und zog 1939 nach Holland, wo er inhaftiert wurde. 1942 ging er nach Ungarn, bis er schließlich 1943 eine Anstellung am Konservatorium in Luzern erhielt. Flesch war ein sehr gefragter Lehrer; er unterrichtete u. a. Max Rostal, Szymon Goldberg, Ida Haendel, Ricardo Odnoposoff, Alma Moodie, Ginette Neveu und Henryk Szeryng.

December 28, 1940

Miss Ruth Willian
175 North Main St.
West Hartford, Conn.

Dear Miss Willian:

Enclosed please find the desired affidavit, which, I believe, in its present form is acceptable.

I had a talk with Mr. Albert Spalding on the subject of Flesch and he expressed not only his willingness to also give you an affidavit but to use his influence with the State Department in Washington (one of the Under Secretaries is a good friend of his) to further the interest of our friend.

Will you therefore be so good and write Mr. Spalding who lives at the Ritz Towers, Park Avenue, New York, referring to me and my talk with him about the subject and I have no doubt you will receive a prompt answer.

Please keep me advised if there is anything further to be done and believe me with kind wishes for Christmas and the New Year.

Yours most sincerely,

F. Kreisler

Brief von Fritz Kreisler an Ruth Willian bzgl. Affidavit für Carl Flesch, 28. 12. 1940 © JM

Galimir-Quartett

Felix Galimir: Wien, 1910–1999, New York;
Adrienne Galimir: Wien, 1912–1997, Brookline/Massachusetts;
Renée Galimir: Wien, 1908–1973, New York;
Marguerite Galimir: Wien, 1905–1985, USA

Die Familie Galimir war Teil der sephardischen Gemeinde in Wien. Felix und seine Schwestern Adrienne, Marguerite und Renée studierten am Neuen Wiener Konservatorium und gründeten 1927 das Galimir-Quartett, das für die neue Musik in Wien und Europa eine große Rolle spielte. Sie interpretierten Bergs *Lyrische Suite* und Quartette von Ravel und Milhaud und dokumentierten dies auch auf Schallplatte. Als Felix Galimir 1936 aufgrund von Antisemitismus nicht als vollwertiges Mitglied der Wiener Philharmoniker aufgenommen wurde, folgte er gemeinsam mit seiner Schwester Renée dem Geiger Bronisław Huberman nach Palästina, der 1935 das Palestine Symphony Orchestra (heute: Israel Philharmonic Orchestra) gegründet hatte. 1939 wurde Felix Galimir in New York Konzertmeister des NBC Symphony Orchestra unter Arturo Toscanini. Adrienne heiratete den amerikanischen Geiger Louis Krasner, wodurch auch die nötigen Bürgschaftserklärungen für die Familienmitglieder gesichert waren. Das Galimir-Quartett schloss sich in Amerika mit verschiedenen Partner:innen wieder zusammen und trat bis 1993 auf.

David Grunschlag (Grünschlag)

Drohobytsch/Galizien (heute: Ukraine), 1914–1996, Philadelphia

Auf Betreiben seines Vaters kam David Grunschlag für seine Ausbildung zum Geiger nach Wien. Mit 14 Jahren spielte er Bronisław Huberman vor, der so beeindruckt war, dass er Grunschlag den Weg für ein Studium in Berlin ebnete. 1931 kehrte er nach Wien zurück, wo er bei Franz Mairecker und Huberman Unterricht nahm. Maireckers Versuche, Grunschlag eine Position bei den Wiener Philharmonikern zu verschaffen, scheiterten an seiner Weigerung zum Christentum zu konvertieren. 1936 lud ihn Huberman ein, seinem Palestine Symphony Orchestra (heute: Israel Philharmonic Orchestra) beizutreten. 1938 organisierte Grunschlag die Immigration seiner Eltern und seiner Schwestern, des Klavierduos Toni und Rosi Grunschlag, in die USA. 1958 ging auch er nach Amerika, wo ihm Eugene Ormandy eine Stelle beim Philadelphia Orchestra anbot, daneben unterrichtete er am Combs College.

Bronisław Huberman

Częstochowa, Russisches Kaiserreich (heute: Polen), 1882–1947, Corsier-sur-Vevey, Schweiz

Der aus einer polnisch-jüdischen Familie stammende Geigenvirtuose Bronisław Huberman studierte bereits mit zehn Jahren bei Joseph Joachim in Berlin. Erste Konzertreisen führten ihn durch ganz Europa und von 1896 bis 1898 absolvierte er Tourneen in den USA und Russland. Huberman stiftete zahlreiche Konzerthonorare für wohltätige Zwecke und förderte junge Musiker:innen. Von 1926 bis 1936 lebte er in Wien und unterrichtete ab 1934 an der mdw. Aufgrund des immer stärker werdenden Antisemitismus ließ sich Huberman 1937 in der Schweiz nieder. Als er 1940 wegen des Krieges von seiner Konzerttournee in Südafrika nicht mehr in die Schweiz zurückreisen konnte, immigrierte er in die USA. Nach dem Krieg kehrte er nach weiteren Konzertreisen in die Schweiz zurück und verstarb 1947. Mit der Gründung des Palestine Symphony Orchestra (heute: Israel Philharmonic Orchestra) konnte Huberman von 1936 bis 1940 zahlreiche Menschen vor dem NS-Regime retten.

Kolisch-Quartett

Rudolf Kolisch: Klamm/Niederösterreich, 1896–1978, Watertown/Massachusetts

Kolisch studierte an der mdw bei Franz Schreker Komposition und bei Otakar Ševčík Violine. Ab 1919 setzte er seine Ausbildung bei Schönberg fort, der 1924 seine Schwester Gertrud heiratete. Kolisch gründete das Wiener Streichquartett in direktem Zusammenhang mit Schönbergs „Verein für musikalische Privataufführungen", 1927 wurde es in Kolisch-Quartett umbenannt. In den Folgejahren komponierten Schönberg, Berg, Krenek, Webern und Bartók Werke für dieses Ensemble. Bei Ausbruch des Krieges war Kolisch bereits in New York, vermochte aber das Quartett nicht weiterzuführen. Mit Otto Klemperer gründete er ein Kammerorchester an der New School for Social Research in New York, an der Uraufführungen von Werken Bartóks, Strawinskys und Schönbergs stattfanden. Er erhielt die Position des Primgeigers im Pro Arte Quartet an der University of Wisconsin-Madison, später leitete er auch die Kammermusikabteilung am New England Conservatory.

Flugblatt von „Fritz Kreisler Memorial Concert", Carnegie Hall, New York 26. 12. 1962 © US-NYcha

Erika (Erica) Morini

Wien, 1905–1995, New York

Unterrichtet wurde Erika Morini zunächst von ihrem Vater Oscar Morini, einem Schüler von Jakob Grün und Joseph Joachim, der gemeinsam mit seiner Frau Malka eine Musikschule in der Wiener Leopoldstadt leitete. Ihr Studium setzte sie an der mdw bei Otakar Ševčík fort. Ihre Eltern manipulierten ihr Alter, um sie länger als Wunderkind präsentieren zu können, was zu Auftritten für Kaiser Franz Joseph sowie zu Konzerten in Leipzig und Berlin führte. Ihr Debut in der Carnegie Hall fand 1921 unter dem Dirigenten Artur Bodanzky statt. 1938, nach dem sogenannten „Anschluss" Österreichs, floh sie mit ihrem Mann nach New York. Neben ihrer regen Konzerttätigkeit unterrichtete Morini auch an der Mannes School of Music. Sie erhielt Ehrendoktorate vom Smith's College sowie vom New England Conservatory. Es erschienen Aufnahmen aller bedeutender Violinkonzerte von ihr, einschließlich dem Tschaikowsky Konzert unter dem Dirigenten Igor Strawinsky. 1976 zog sie sich ganz von der Konzert- und Unterrichtstätigkeit zurück. Kurz vor ihrem Tod im Alter von 91 Jahren wurden ihre musikalischen Besitztümer, darunter ihre unbezahlbare 1727 Stradivari „Davidoff", gestohlen und nie wiedergefunden.

Rosé-Quartett

Arnold Rosé: Jassy (heute: Iași, Rumänien), 1863–1946, London

Arnold Rosé, der Schwager von Gustav Mahler, war mehr als 50 Jahre Konzertmeister der Wiener Philharmoniker sowie Stimmführer des Wiener Opernorchesters. Außerdem hatte er eine Professur an der mdw inne. Das Rosé-Quartett wurde 1882 von ihm und seinem Bruder Eduard gegründet und avancierte zu einem der wichtigsten Ensembles Europas. Es spielte nicht nur das klassische Repertoire, sondern übernahm auch die Uraufführungen aller Wiener Komponisten – von Brahms über Schönberg bis Toch. Im britischen Exil versuchte Arnold Rosé das Quartett mit seiner Tochter Alma und dem ebenso immigrierten Friedrich Buxbaum als Cellisten wiederzubeleben. Nach dem sogenannten „Anschluss" Österreichs wurde Rosé zwangsweise in den Ruhestand versetzt und überlebte die Kriegsjahre verarmt im britischen Exil.

[Datum des Poststempels]

Verehrter Herr Rosé!

Gestern morgen gelangte ich Besitz des fein ausgeführten Plans von Wien, welchen ich Ihnen zu patentiren rathe, da er die Zersionschwierigkeiten der innern Stadt, welche Anlass zu so stürmischen Gemeinderathssessionen gaben in genialer Weise löst indem er die Stefaniestr. mit dem Kärnthnerring durch eine schön ausgebaute breite Querstrasse verbindet. Wahrhaftig, das architektonische Columbusei der Modernität! Grüss Gott! Herr Rosé

Herrn Riedling so tief wie möglich einzutunken. Auch meine humorvolle Epistel aus Marienbad blieb unbeantwortet! Also auf baldiges Wiedersehen!

Empfehlungen an die verehrte Frau Gemalin

bleibt
ergebenst

Fritz Kreisler

21/9 96

Brief von Fritz Kreisler an Arnold Rosé, 21. 9. 1896 © JM

Alma Rosé

Wien, 1906–1944, KZ Auschwitz-Birkenau

Als Tochter von Arnold Rosé und Gustav Mahlers Schwester Justine erhielt sie den Namen ihrer Tante Alma, Mahlers Frau. Nach dem ersten Violinunterricht bei ihrem Vater studierte sie bei Otakar Ševčík an der mdw. Nach ihrer Heirat mit dem Violinvirtuosen Váša Příhoda zog sie nach Záryby im Norden von Prag und erhielt die tschechische Staatsbürgerschaft. 1932 gründete sie das Salonorchester „Die Wiener Walzermädeln". Die Scheidung von Příhoda erfolgte 1935. Nach dem sogenannten „Anschluss" Österreichs an Nazideutschland floh sie 1939 mit ihrem Vater nach London. Um ihren Lebensunterhalt zu verdienen, ging sie nach Den Haag. Durch eine Scheinehe war ihr nur vorübergehende Sicherheit beschieden. Sie wollte in die Schweiz flüchten, wurde aber in Frankreich gefangen genommen und nach Auschwitz-Birkenau deportiert. Von Juli 1943 bis zu ihrem Tod im April 1944 (vermutlich durch eine Lebensmittelvergiftung) musste sie das berüchtigte Mädchenorchester von Auschwitz leiten.

Rostal-Quartett

Max Rostal: Teschen (heute: Cieszyn, Polen), 1905–1991, Bern

Rostals Familie kam 1913 nach Wien, sodass Max im Alter von acht Jahren bei Arnold Rosé und Franz Suchy studieren konnte. 1920 zog er nach Berlin, um seine Ausbildung bei Carl Flesch und Emil Bohnke fortzusetzen. 1928 wurde er Assistent von Flesch an der Berliner Hochschule für Musik. Rostal gründete 1930 das erfolgreiche Rostal-Quartett, das allerdings nur drei Jahre lang bestand. 1933 wurde ihm eine eigene Klasse angeboten—ein Angebot, das nach der Machtergreifung der Nazis sofort aus „rassischen" Gründen zurückgenommen wurde. Er immigrierte 1934 nach England und nahm einige seiner Schüler:innen mit ins Exil, um sie dort weiter zu unterrichten. Ab Herbst 1958 lebte er in der Schweiz und übernahm Professuren in Köln und Bern.

ZEITLEISTE

Fritz Kreisler, Conservatoire de Paris, 1887

Fritz Kreisler mit Mitschüler:innen, Conservatoire de Paris, 1887

1888 – 1889:
US-Debüt sowie US-Tournee mit dem Pianisten Moriz Rosenthal (1862 – 1946)

1885 – 1887:
Violinstudium am Conservatoire de Paris bei Joseph Lambert Massart (1811 – 1892)

1887:
Gewinn des Premier Grand Prix am Conservatoire de Paris

2. Februar 1875:
Geburt, Große Schiffgasse 21, Wien/Leopoldstadt

1882 – 1885:
Violinstudium am Conservatorium der Gesellschaft der Musikfreunde in Wien (mdw) bei Joseph Hellmesberger jun. (1855 – 1907)

1885:
Gewinn der Goldmedaille am Conservatorium der Gesellschaft der Musikfreunde in Wien

1875 1876 1877 1878 1879 1880 1881 1882 1883 1884 1885 1886 1887 1888 1889 1890 1891 1892 1893 1894 1895

Fritz Kreisler in Berlin, ca. 1899

12. Mai 1902:
England-Debüt als Solist mit dem London Philharmonic Orchestra unter der Leitung von Hans Richter

7. Dezember 1900:
Carnegie-Hall-Debüt mit dem New York Philharmonic Orchestra unter der Leitung von Emil Paur (1855 – 1932)

1. Dezember 1899:
Debüt als Solist mit den Berliner Philharmonikern unter der Leitung von Arthur Nikisch (1855 – 1922)

Kompositionen:
Liebesfreud, Liebesleid, Schön Rosmarin

23. Jänner 1898:
Debüt als Solist mit den Wiener Philharmonikern, Leitung von Hans Richter (1843 – 1916) ungewiss

1896:
Bei einem Probespiel für das Hofopernorchester/ Wiener Philharmoniker abgelehnt

1902:
Heirat mit Harriet Woerz (geb. Lies, 1869 – 1963) in London

1896 1897 1898 1899 1900 1901 1902 1903 1904 1905 1906 1907 1908 1909 1910 1911 1912 1913

Fritz Kreisler, ca. 1913

1919:
Uraufführung von Kreislers Streichquartett durch das Letz-Quartett in New York

Fritz und Harriet Kreisler auf einem Schiff, 1921

12. Dezember 1914:
Erstes Konzert nach seinem Kriegsdienst in der Carnegie Hall, New York

5. Oktober 1919:
Uraufführung von Kreislers Musical *Apple Blossoms* in New York

Kompositionen:
Caprice Viennois, Tambourin Chinois;
Publikation der Klassischen Manuskripte

1917 – 1919:
Kaum Konzerttätigkeit in den USA aufgrund der kriegsbedingten Propaganda

10. November 1910:
Solist der Uraufführung des Violinkonzerts von Edward Elgar (1857 – 1934) in London unter der Leitung des Komponisten

Oktober 1919:
Wiederaufnahme der Konzerttätigkeit in den USA

1913:
Umzug in die Wohnung am Kurfürstendamm 67, Berlin

1924:
Grundstückskauf und Bau der Villa in der Bismarckallee 32, Berlin/Grunewald

Sommer 1914:
Kriegsdienst in der österreichisch-ungarischen Armee an der russischen Front

Sommer 1920:
Erste Europa-Reise nach dem Ersten Weltkrieg, zahlreiche wohltätige Aktivitäten in Wien

Erster Weltkrieg

1910 1911 1912 1913 1914 1915 1916 1917 1918 1919 1920 1921 1922 1923 1924 1925 1926 1927 1928 1929

Fritz und Harriet Kreisler auf einem Schiff, ca. 1920 – 1925

Fritz Kreisler auf einem Schiff, ca. 1920 – 1925

Fritz Kreisler auf einem Schiff, ca. 1920 – 1925

16. Dezember 1942:
Villa in Grunewald ausgebombt (Kreisler erhält die Nachricht erst 1945)

18. September 1939:
Immigration in die USA mit dem Schiff SS Washington (von Le Havre nach New York)

September 1939:
Reichsmusikkammer setzt Kreislers Werke auf die „Liste unerwünschter musikalischer Werke"

17. Juli 1944:
Kreislers erste Radiosendung, NBC's "Bell Telephone Hour"

1935:
„Skandal" um die *Klassischen Manuskripte*

1938:
Österreichischer Reisepass wird ungültig

1941 – 1942:
Komposition *Viennese Rhapsodic Fantasietta*

23. Dezember 1932:
Uraufführung von Kreislers Operette *Sissy* im Theater an der Wien

1938:
Ernennung zum Kommandeur der französischen Ehrenlegion

28. Jänner 1942:
Erstes Konzert nach dem Unfall in Albany

1933:
Kreislers Auftritte von Nazis gestört und boykottiert; Kreisler sagt alle Auftritte in Deutschland ab

1939:
Anerkennung der französischen Staatsbürgerschaft durch das NS-Regime

8. Mai 1943:
Erhalt der US-Staatsbürgerschaft

nach 1934:
Interesse an der französischen Staatsbürgerschaft; zusätzlicher Wohnsitz in Südfrankreich

26. April 1941:
Unfall auf der Madison Avenue, New York

1935:
Verleihung des Ehrenrings der Stadt Wien

1940 – 1945:
Zahlreiche Auftritte zugunsten wohltätiger Organisationen

Hitlers Machtübernahme in Deutschland

„Anschluss" und Auslöschung Österreichs

Zweiter Weltkrieg

1930 1931 1932 1933 1934 1935 1936 1937 1938 1939 1940 1941 1942 1943 1944 1945 1946 1947 1948 1949

6. März 1950:
Letzter Auftritt in einer Radiosendung, NBC's "Bell Telephone Hour"

6. Dezember 1949:
Letzter öffentlicher Auftritt, Hartford

1. November 1947:
Letzter Auftritt in der Carnegie Hall, New York

Jänner 1949:
Versteigerung seiner Bibliothek zugunsten wohltätiger Zwecke

1947:
Übertritt zum Katholizismus gemeinsam mit Harriet in der Blessed Sacrament Church, New York

1955:
Schenkung der Violine (1733, Guarneri del Gesu "Kreisler") und seiner Manuskripte an die Library of Congress, Washington, D.C.

1959:
Verleihung des Dr. Karl-Renner-Preises

29. Jänner 1962:
Verstorben im Presbyterian Hospital, New York; beerdigt am Woodlawn Cemetery, New York

1947 1948 1949 1950 1951 1952 1953 1954 1955 1956 1957 1958 1959 1960 1961 1962

Fotos © US-Wc

Fritz Kreisler mit dem Maler Rudolf Bernatschke in dessen Atelier, fotografiert von Peter A. Juley & Son, New York 1943 © A-Wgm

BILDNACHWEIS

Archiv des Exilarte Zentrum der mdw – Universität für Musik und darstellende Kunst Wien (A-Weaz)

Archiv, Bibliothek, Sammlungen der Gesellschaft der Musikfreunde in Wien (A-Wgm)

Sammlung von Handschriften und alten Drucken, Österreichische Nationalbibliothek, Wien (A-Wnhd)

Historisches Archiv der Wiener Philharmoniker (A-Wph)

Archiv der Israelitischen Kultusgemeinde Wien (IKG)

Privatsammlung John Maltese (JM)

Rose Archives, Carnegie Hall, New York (US-NYcha)

Library of Congress, Washington, D. C. (US-Wc)